TRANSFIGURAÇÃO

INÁCIO LARRAÑAGA

TRANSFIGURAÇÃO

*Um programa de
santificação cristificante*

Paulinas

Dados Internacionais de Catalogação na Publicação (CIP)
(Câmara Brasileira do Livro, SP, Brasil)

Larrañaga, Inácio
  Transfiguração : um programa de santificação cristificante / Inácio Larrañaga;
tradução de Sandra Trabucco Valenzuela. – 11. ed. – São Paulo : Paulinas, 2020.
  136 p.

  ISBN 978-65-580-8031-2
  Título original: Transfiguración

  1. Santificação 2. Conversão 3. Espiritualidade 4. Vida cristã 5. Salvação
6. Cristianismo I. Título II. Valenzuela, Sandra Trabuco

20-3642   CDD 234.8

Índice para catálogo sistemático:

1. Santificação   234.8

Angélica Ilacqua - Bibliotecária - CRB-8/7057

11ª edição – 2020
2ª reimpressão – 2024

Título original da obra: Transfiguración
© Provincial de Capuchinos de Chile
Catedral 2345. Santiago. Chile.

Direção-geral:	*Flávia Reginatto*
Tradução:	*Sandra Trabucco Valenzuela*
Copidesque:	*Ana Cecilia Mari*
Coordenação de revisão:	*Marina Mendonça*
Revisão:	*Equipe Paulinas*
Gerente de produção:	*Felício Calegaro Neto*
Capa e diagramação:	*Tiago Filu*

*Nenhuma parte desta obra poderá ser reproduzida ou transmitida
por qualquer forma e/ou quaisquer meios (eletrônico ou mecânico,
incluindo fotocópia e gravação) ou arquivada em qualquer sistema ou
banco de dados sem permissão escrita da Editora. Direitos reservados.*

Paulinas
Rua Dona Inácia Uchoa, 62
04110-020 – São Paulo – SP (Brasil)
Tel.: (11) 2125-3500
paulinas.com.br – editora@paulinas.com.br
Telemarketing e SAC: 0800-7010081
© Pia Sociedade Filhas de São Paulo – São Paulo, 2020

SUMÁRIO

Apresentação 7

Introdução 9

Capítulo I

Somente se sabe o que se vive 13

    1. Ser ou não ser 14

    2. A gloriosa liberdade 16

    3. Tempos fortes 20

    4. Quanto, quando 23

    5. Entre em seu quarto 25

    6. Optamos pelo estilo de Jesus 28

    7. Rolando ladeira abaixo 30

    8. No fundo do poço 32

    9. Acendendo fósforos 34

  10. Uma única obsessão:
       sermos santos como Jesus 36

  11. Com paciência de um trigal 41

Capítulo II

Vazios de si 49

    1. Hino à humildade 50

    2. Apropriar-se 53

3. Rezam e não mudam 60

4. Onde está o amor, ali está Deus? 63

5. Produtividade e fecundidade 67

6. A oculta 70

7. Onde está a humildade, ali está Deus 72

8. "Vocês serão como deuses" 74

9. É preciso que eu diminua para que ele cresça 76

10. Prática libertadora 80

Capítulo III

O sonho de ouro 89

1. Da humildade ao amor 90

2. Deus amou primeiro 94

3. O sonho de ouro 98

4. "Meus irmãos" 101

5. Signo e meta 103

6. Aceitar Jesus como "irmão" 106

7. Jesus, redentor dos instintos 109

8. Respeitar-se 113

9. Perdoar-se 118

10. Com entranhas de misericórdia 120

11. Abertura – Acolhida 124

12. Carinhosos 126

13. Lar 128

Epílogo

O que são as oficinas? 132

APRESENTAÇÃO

Escrevi este livro para ser usado pelos orientadores das Oficinas de Oração e Vida, sob o título *Estilo y Vida de los Guías* (1997). Desde então, este tem sido o documento de identidade, fonte de inspiração e pauta direcionadora para os orientadores do mundo inteiro; em suma, o livro de espiritualidade. Com efeito, milhares de orientadores foram adquirindo durante estes anos o estilo e as ações de Jesus, seguindo as orientações deste escrito.

Quase desde o primeiro momento, foram chegando solicitações e sugestões, cada vez mais prementes, no sentido de que me decidisse a abrir as mãos e entregasse este documento ao Grupo Editorial San Pablo, colocando-o a serviço do grande público.

Vacilei durante muito tempo; consultei e por fim, movido por não sei que impulso interior, decidi abrir-me e hoje o entrego, leitor, em suas mãos.

O livro, como comprovará o próprio leitor, tem um caráter eminentemente prático. Trata-se, na verdade, de uma pedagogia experimentalmente progressiva para uma santificação cristificante, individual e comunitária.

Extraí aqueles aspectos que faziam referência explícita aos orientadores. E assim, o texto tornou-se válido para ser usado individualmente por qualquer cristão, assim como também para os grupos cristãos de caráter comunitário.

Na realidade, esta obra é uma coleção abreviada das sugestões e orientações disseminadas ao longo de meus livros.

Inácio Larrañaga
Assis, 1º de fevereiro de 1997

INTRODUÇÃO

*"Os ideais são como as estrelas:
nunca as alcançaremos.
Porém, assim como os marinheiros,
em alto-mar,
traçaremos nosso caminho
seguindo-as."*

(Jean Paul Sartre)

Tomando alguns elementos dispersos em meus livros, elaborei um programa de vida.

Na verdade, estamos diante de um ideal. E o ideal é como uma luz colocada numa alta montanha. Ante essa luz vinda das alturas, pode-se tomar duas atitudes:

a) *Negativa*: ao ver que a luz está tão alta e que eu, cristão, com meu voo tão rasante ao chão, posso começar a me encher de tristeza e a castigar-me com sentimentos de vergonha e remorso, dando rédeas aos complexos de culpa.

Dessa maneira, o ideal, em vez de ser força de elevação, pode chegar a ser máquina de destruição e causa de estragos.

Cuidado, irmão! Devemos viver atentos para não rolar por esse precipício. É necessário renunciar aos complexos de onipotência e aceitar em paz o pouco que podemos. Aceite logo de início as limitações da condição humana e esforce-se por conseguir, nesse pouco que você puder, o máximo rendimento. Você terá paz. Será forte.

b) *Positiva:* o ideal (que este livro encerra) será luz de seu caminho, ou seja, a consciência crítica: à sua luz, você poderá ver a cada instante se está agindo segundo o espírito do Senhor ou segundo seus instintos, e comprovará se caminha por rumos certos ou enganosos.

Depois de cada queda, este livro gritará: "Levante-se! Comece outra vez; o amanhã será melhor! Caminhe!".

Este livro será o amigo que o alentará nos momentos de abatimento, lhe dará a mão depois de cada queda, o consolará em seus dias de desolação e curará suas feridas.

Numa palavra: este livro será para você um instrumento de *conversão permanente.*

Capítulo I

SOMENTE SE SABE O QUE SE VIVE

Em sua bondade perdido,
abandonado à sua doçura ardente,
de si mesmo esquecido,
o coração se sente
uma coisa feliz e transparente.

1. Ser ou não ser

Quem é, ou melhor, o que é um cristão? Não é, certamente, alguém que recebeu por herança familiar como quem herda um título de nobreza. Tampouco é alguém que, em sua infância, aprendeu de cor algumas fórmulas de fé ou que vai à missa algumas vezes, mais por força da inércia que por convicção.

A fé, se não é vivida, acaba por transformar-se em uma coleção de afirmações que, não raro, soam como palavras vazias.

As coisas da vida só começam a ser entendidas quando começam a ser vividas. De outra maneira, encaradas de forma fria e intelectual, tornam-se artificiais.

***

Quem pensa em dizer que são felizes os pobres, os caluniados, os perseguidos e os encarcerados? Onde estamos? Em um mundo alucinado de figuras literárias, paradoxos e hipérboles?

Segundo o senso comum e a opinião pública, a riqueza, o prestígio e a liberdade são altos valores da vida. Mas aí está o Evangelho afirmando, numa inversão copérnica, e proclamando que são bem-aventurados precisamente os que carecem de tudo. Como podemos entender isto?

Tudo isto poderia soar como sadomasoquismo a não ser que, por trás de tudo, haja um valor que altere a condição de todos os outros valores, e esse valor é uma forte experiência de Deus.

O que Jesus quer dizer na Montanha é o seguinte: você não tem um pedaço de pão e morre de fome na rua. Falta-lhe uma casa onde dormir e morre de frio na intempérie. Não tem liberdade porque está confinado numa prisão. Falta-lhe prestígio porque foi caluniado.

Enfim, nada possui. Porém, você tem um Deus vivo e vibrante que preenche por completo todos os espaços interiores? Bem-aventurado! Felicidade total: você tem tudo, nada lhe falta. "O Senhor é meu pastor e nada me faltará."

Para poder compreender os grandes paradoxos do Reino é condição indispensável possuir uma viva experiência de Deus, porque – reiteramos – só se sabe aquilo que se vive.

2. A gloriosa liberdade

Afirma-nos a Bíblia: "Não tenha medo"; mas todos sabemos que as pessoas morrem de medo. A simples observação da vida nos coloca na evidência de que muitos não vivem e sim agonizam sob uma escura noite interior de temores, ansiedades e inseguranças. Como se pode afirmar de maneira tão desafiante: "Mesmo que um exército inteiro se levante em ordem da batalha contra mim, não terei medo de nada"? Como entender esta contradição?

Tudo depende se vivemos ou não vivemos a fé. Quer dizer: quando o Senhor for *meu*

Senhor, quando o Pai for *meu Pai,* quando Deus for verdadeiramente *meu Deus*; em outras palavras: quando eu experimentar vivamente que tu estás comigo. Tu me envolves e me compenetras, me habitas e me povoas inteiramente... Então sim, medo de quem? Se o Onipotente está comigo, eu sou onipotente.

Concluamos: a expressão "não tenho medo" pressupõe como condição a afirmação: "Eu estou contigo", ou seja, a percepção e a vivência intensa e experimental de que tu estás comigo. Só então faz sua aparição a gloriosa liberdade dos filhos de Deus. Quem contra mim?

***

Uma e outra vez repetem os salmos que Deus nos livra dos inimigos; mas acontece que os inimigos estão sempre a nossa lado e não necessariamente por nossa culpa. Nunca faltarão aqueles que, quando você fracassar, ficarão alegres e, quando você sair vitorioso, se sentirão mal.

Frequentemente são eles os doentes que projetam em você suas inibições e repressões, e você não ganha nada em dizer-lhes: "Por favor, não se metam comigo". Eles vão se meter. Os que sofrem precisam fazer sofrer. Os que estão em guerra semeiam ventos de guerra. Os neuróticos "neurotizam". São mecanismos automáticos de compensação como reação a muitas frustrações. Os inimigos nunca faltarão na vida, e o primeiro capítulo da libertação consiste em aceitar com paz o fato de que eu não sou aceito por todos.

***

Os que querem dizer os salmos ao afirmar que Deus nos livra dos inimigos? Em que sentido nos livra deles? De certo, não no sentido de que os inimigos foram fulminados por um raio ou perpassados por uma espada. Em que sentido, então? Sempre se pressupõe uma experiência viva de Deus. Isto é: quando eu me sentir possuído e possuidor dessa Presença que preenche cada canto de mim, quando eu me sentir envolvido e compenetrado dessa Presença arrebatadora, embriagadora e quase enlouquecedora de meu Deus e meu Pai, o resto não mais me importará. Se nada me importa, estou livre de tudo. Desaparecido o medo, desaparecem também os inimigos.

Tudo fica relativizado.

Nada nem ninguém pode me prejudicar de modo algum: nem a vida nem a morte, nem as alturas nem as profundezas, nem as energias aéreas nem as forças da morte... Sou livre. Quem contra mim?

Mas tudo isso é para ser entendido especulativamente. Isto não se define, vive-se. E uma vez vivido, tudo se entende.

***

Por fim, quem é o cristão do futuro? Aquele que "viu e ouviu" algo, que "comeu e bebeu" com o Ressuscitado e o "apalpou com suas próprias mãos". Apenas os que "estiveram" com o Senhor têm autoridade moral e categoria apostólica para serem testemunhas da Ressurreição.

3. Tempos fortes

Este livro se propõe a gerar e dinamizar no leitor um processo de transfiguração, mudança de uma figura por outra.

Somos criaturas que nos encontramos de surpresa aqui, na vida, sem ter optado por ela. Por outro lado, estamos constituídos, por razões de disposição congênita de personalidade – por conseguinte, sem culpa nem mérito de nossa parte –, de preciosas qualidades e defeitos ocultos que, de certo, não os escolhemos.

A mudança de uma figura por outra consiste em esvaziar-se desses ocultos defeitos congênitos para ir substituindo-os pouco a pouco pelos aspectos positivos de Jesus.

Tudo consiste em ir morrendo e despojando-me das vestes de homem velho – como o orgulho, o egoísmo, o rancor, a ira – e ir me vestindo novamente com as vestes do novo ser, segundo Jesus Cristo, como a paciência, a humildade, o amor.

Morrer algo para nascer algo.

Ausentar-me de meu território para que ele seja ocupado por Jesus.

Eu desaparecer para que apareça Jesus.

É Jesus quem, dentro de mim, vai suavizando as arestas, nivelando os desníveis, esculpindo uma figura nova.

Nisso consiste a *totalidade* do programa cristão: num processo pascal e cristificante nunca acabado, é passar de meu modo de ser ao modo de ser de Jesus. Incessantemente, incansavelmente.

***

Esse programa, é claro, pressupõe, como condição indispensável, que Jesus esteja vivo e vibrante em mim, e o método que faz que Jesus permaneça vivo e sensível em mim tem um nome: *Tempos Fortes*. Chamamos Tempos Fortes a ação de reservar fragmentos do tempo exclusivamente para cultivar a vida privada, o trato pessoal com o Senhor, estando a sós com ele, por exemplo, trinta minutos por dia, um deserto no mês.

Entendemos por *deserto* o fato de afastar-se em silêncio e solidão para um lugar retirado, se possível na natureza, por quatro horas pelo menos.

Qualquer cristão poderia questionar: como é possível estar tantas horas em silêncio e solidão sem se cansar ou entediar-se?

Evidentemente, caro leitor, este livro que você tem nas mãos deve ser acompanhado por outro livro meu, chamado *Encontro. Manual de oração* (São Paulo, Loyola). Neste M*anual,* o leitor encontrará diferentes modalidades para relacionar-se com o Senhor segundo diferentes personalidade e estados de ânimo, uma longa série de orações diferentes e para diversas necessidades, além de orientações práticas de vida e numerosos textos bíblicos.

4. Quanto, quando

Quanto tempo deve dedicar o cristão aos Tempos Fortes?

No mínimo meia hora diária (a Sagrada Meia Hora), oxalá quarenta e cinco minutos e, se possível, um deserto por mês.

Se você disser que não tem tempo para cumprir os Tempos Fortes, responderei que o tempo é questão de preferência, e a preferência é questão de prioridades, já que temos tempo para tudo o que queremos; prioridade, em nosso caso, significa que, entre as diversas atividades, a de maior importância ou preferência nós a atribuímos aos Tempos Fortes.

Cristão, por conseguinte, é aquela pessoa que, entre os diversos afazeres diários, reserva, como opção preferencial, um tempo para estar com o Senhor.

***

Quando cumprir os Tempos Fortes? Isso dependerá das características pessoais, exigências de trabalho, circunstâncias imprevisíveis.

Há pessoas que normalmente amanhecem cansadas e de mau humor, outras, por sua vez, ao levantar-se estão descansadas, bem humoradas e com vontade de cantar. Há pessoas que às dez da noite se sentem em condições ideais para orar, quando o silêncio da noite envolveu o mundo e as coisas, e todos já se retiraram para descansar. Este é o caso de Jesus, segundo os numerosos testemunhos evangélicos. Pode haver também outras circunstâncias que podem condicionar a programação dos Tempos Fortes: filhos pequenos, exigências de trabalho e outras emergências.

Quando, então, colocar em prática os Tempos Fortes? Cada um deve ponderar seus condicionamentos pessoais e as circunstâncias, e organizar e determinar resolutamente o momento exato de seu Tempo Forte diário.

É preciso que cada um se organize. "Salve a ordem e a ordem o salvará."

Por outro lado, é de desejar que o Momento Forte diário seja, se possível, intransferível, sempre à mesma hora, respeitando-o como um tempo sagrado. Em princípio, é aconselhável que o Tempo Forte diário se realize logo de manhã, bem cedo, quando acordamos. A experiência ensina que, quando não se cumpriu o Tempo Forte diário no primeiro momento do dia, logo, ao longo da jornada, as tarefas vão se acumulando com tal precipitação que, sem perceber, a noite e o sono nos apanham de surpresa sem termos cumprido o nosso sagrado Tempo Forte.

5. Entre em seu quarto

Onde orar? Ouçamos o Mestre: "Quando você rezar, entre no seu quarto, feche a porta, e reze ao seu Pai ocultamente" (Mt 6,6). Há muitas pessoas, continua o Mestre, que gostam de orar nas sinagogas e nas praças para serem vistas e exaltadas pelos homens. Na verdade, não buscam o Pai; buscam a si próprias. Sua vaidade satisfeita será sua única recompensa. Não façam isso.

O conselho de Jesus é, pois, terminante: onde orar? No silêncio de seu quarto. Ninguém o verá. Basta saber que o Pai está aí com você. Ele mesmo será sua saciedade e recompensa.

***

Tempos Fortes diários, não de qualquer maneira, mas com uma ordenada programação. Você mesmo tem que se programar espontaneamente. Se você disser, por exemplo: hoje estou de bom humor, então vou orar com a *modalidade oração de elevação*. Hoje estou de mau humor porque estou com dor de cabeça, por isso prefiro fazer a *leitura rezada* da melhor forma que eu puder. Neste dia terei uma jornada difícil, com prováveis conflitos, preciso controlar meu nervosismo e ter a serenidade de Jesus, vou então optar pela *oração de acolhida*. Durante três semanas seguidas, vou me dedicar à prática da *leitura meditada*, precisamente com a Carta aos Filipenses. Durante esta semana vou rezar com a *oração auditiva*. Hoje é domingo e me sinto admiravelmente bem, tentarei fazer a *oração de contemplação*. E assim por diante: sempre com uma programação ordenada, segundo as modalidades que você já conhece.

Ao sair do quarto, uma vez terminado o Tempo Forte, todos os dias você vai dizer, se possível em voz alta e decidida, estas palavras: "Agora começo a ser como Jesus. Meu Senhor, que aqueles que me veem, te vejam; que os que me ouvem, te ouçam". E você sairá disposto e resolvido a ser e agir como Jesus, perguntando-se em cada nova situação: o que faria Jesus em meu lugar? Assim não haverá derrota em seu caminho.

Tempos Fortes diários, com uma obstinada tenacidade, sem que nenhuma emergência o faça desistir. Essas circunstâncias podem ser diversas: falta de vontade, temporadas de secura ou aridez, dores de cabeça, mal-estar generalizado, situações familiares, urgências da vida... Se falharmos com os Tempos Fortes diante da menor dificuldade, já começaremos a rolar ladeira abaixo. Não se esqueça: para ser fiel aos Tempos Fortes diários é necessária uma santa insistência.

6. Optamos pelo estilo de Jesus

Como se sabe, mais de vinte vezes os Evangelho constatam que Jesus se retirava para orar, sempre sozinho, quase sempre em um monte ou lugar afastado, geralmente à noite e algumas vezes de madrugada. Este fato é um espetáculo chamativo, como uma cidade de luz sobre uma montanha: não se pode deixar de ver de toda parte.

Jesus poderia ter ido ao Templo para rezar; isso, porém, não está nos Evangelhos. Segundo os documentos evangélicos, sempre que Jesus foi ao Templo, o fez para ministrar a Palavra; por outro lado, as tantas vezes que os próprios Evangelhos nos transmitem a notícia de que Jesus rezava, sempre foi com as características que estamos assinalando: sempre sozinho, quase sempre à noite e em geral em um monte ou lugar afastado. Este foi, portanto, o costume de Jesus, sua forma de cultivar a vida privada com o Pai, sua aventura oracional.

Entre os cristãos nunca se insistiu nem se insiste nesta maneira de orar, com estas características. Mas nós, que estamos empenhados, quase obcecados, em seguir as pegadas de Jesus, optamos deliberada e conscientemente por este estilo oracional de Jesus, o dos Tempos Fortes, resgatando desta forma um dos valores absoluto do Evangelho: a *dimensão contemplativa* de Jesus.

Estamos convencidos, por outro lado, de que este é o procedimento por meio do qual seremos capazes de viver durante o dia no espírito de oração, bem como de avançar aceleradamente pelo caminho da cristificação.

7. Rolando ladeira abaixo

Sabemos muito bem o que acontece, pois estamos comprovando todos os dias: quando um orientador[1] se deixa dominar pela tristeza, pelo medo ou pelo desânimo, é sinal de que não reza, não cumpre corretamente com os Tempos Fortes diários.

Quando um orientador busca reconhecimento ou algum tipo de recompensa por seu trabalho nas Oficinas e, quando não os obtém, fica abatido ou amargurado, ou entra em conflito com os outros, é sinal de que ele busca a si próprio e isso, por sua

---

[1] Permitimo-nos deixar intacta esta referência aos orientadores, porque pode ser aplicada ao pé da letra às comunidades cristãs e grupos apostólicos.

vez, ocorre porque não reza, descuida dos Tempos Fortes diários.

Quando uma equipe se desintegra pelas discórdias e rivalidades devido a personalismos, interesses próprios e por carecer de capacidade de autocrítica, é sinal de que cada um busca a si mesmo porque não reza, e descuida dos Tempos Fortes diários.

Quando em uma cidade as Oficinas fracassam, perdem interesse ou se desvalorizam, é sinal de que seus dirigentes não rezam.

Quando os orientadores vão perdendo o entusiasmo por seu trabalho, entrando numa etapa de rotina, demonstrando cada vez menos vontade, é sinal de que não oram e que descuidaram os Tempos Fortes.

Esses e outros casos semelhantes são sintomas de que Deus foi deslocado e substituído pelo seu "eu": por isso buscam a si próprios. Nesse coração, Deus é uma palavra vazia. Jesus Cristo, nesse coração, já não é aquela presença grata e apaixonante, mas uma presença congelada, e esses orientadores parecem pessoas desencantadas porque, na verdade, perderam o encanto de Deus.

8. No fundo do poço

É um círculo vicioso.

Quanto menos se reza, menos vontade se tem de rezar. Quanto menos vontade de rezar, menos se reza. Quando menos se reza, Deus começa a afastar-se. Não é que Deus que se afaste, mas a sensação perceptiva que temos é que Deus é "menos" Deus em mim, como que se tornou alguém distante, quase inexistente.

À medida que isto ocorre, há menos vontade de estar com ele. Quanto menos estamos com Deus, ele mesmo é menos *presença* em mim.

E aqui e agora surge o seguinte fenômeno: à medida que Deus é "menos" Deus, eu sou mais "eu" em mim, para mim, aumentando o amor próprio, ou seja, tornam-se mais presentes em mim os aspectos negativos do "homem velho", os mil filhos do "eu" – vaidade, busca de si mesmo, ressentimentos, lacunas afetivas, rivalidades, tristezas, manias de grandeza, necessidade de autocompaixão, mendigar consolo...

Em outras palavras: o vazio que Deus vai deixando em mim, tento recolocá-lo, instintivamente, pela via de compensação, com as satisfações do "eu". Como consequência, aparecem em minha relação com os outros, armadilhas, discórdias, invejas, desconfianças, inimizades, que também são filhas do "eu".

Na medida em que isso ocorre, naturalmente não há vontade de estar perto de Deus; a oração já não tem sentido porque temos a impressão de estarmos soltando palavras no vazio, de não termos interlocutor; em suma, não sabemos o que fazer com Deus.

Para esse momento, tudo vai se decantando: morto o sentido de Deus, morre a alegria de viver, chegando-se até a perder o encanto pela vida. Estamos no fundo do poço.

9. Acendendo fósforos

Ao contrário: quanto mais se reza, Deus é "mais" Deus em mim. Não é que Deus mude: não pode ser "mais Deus ou menos Deus": ele é sempre igual a si mesmo; é imutável e está inalteravelmente presente em mim.

Mas, à medida que minha relação com ele se torna mais profunda, também sua presença se faz mais forte em mim, para mim.

Uma comparação: a sala está completamente escura. Não se vê nada. Acendemos um fósforo: pode-se ver algo, como uma mesa, cadeiras e alguns livros. Acendemos cinco fósforos: se vê muito mais! Outras mesas, muitas cadeiras, quadros na parede. Acendemos cinquenta fósforos: é uma sala linda, mas ainda se percebem zonas de penumbra lá no fundo. Acendemos mil e quinhentos fósforos: a sala é um espetáculo inesquecível de beleza, cores e figuras...

Mudou a sala? A sala permaneceu idêntica, como era antes. E, no entanto, para mim, tudo mudou. O que aconteceu? A luz tornou a sala "presente" para mim. A luz fez com que o "rosto" da sala se tornasse visível para mim. Quanto mais fósforos fui acendendo, a sala foi se tornando progressivamente mais presente para mim.

Com Deus ocorre o mesmo. Quando nunca se ora, Deus é como um quarto escuro, uma palavra vazia, um "senhor ninguém".

Quando se começa a orar, Deus começa a tornar-se "presente" em mim. Na medida em que se ora mais, ele é cada vez mais "alguém" para mim, "resplandece a luz de seu rosto" em mim, isto é, sente-se Deus cada vez mais próximo, vivo e presente.

Não só isso. Começo também a contemplar à luz de seu rosto. Os acontecimentos que ocorrem em torno de mim, as coisas, as pessoas ou circunstâncias que observo com meus sentidos têm um novo significado, aparecem revestidos da luz de sua presença, enquadrados no âmbito da vontade. Não é que os fatos e as coisas estejam magicamente revestidos de luz divina, mas sim que, quando os olhos do homem estão povoados de Deus, tudo o que esses olhos contemplam aparece revestido de Deus.

À medida que esse processo avança, nascem novos desejos de estar com Deus e, à medida que mais frequente e profundamente estamos com Deus, superam-se as dificuldades, nele, por ele e com ele. Aceitam-se em paz as provações, vencem-se as repugnâncias, os fracassos não destroem; onde havia violência, coloca-se a suavidade, assumem-se com alegria os sacrifícios e nasce em toda circunstância o amor. Nasceu o encanto da vida.

10. Uma única obsessão: sermos santos como Jesus

Uma vez que Jesus Cristo é, no coração, aquela presença vibrante, começa também a ser uma presença santificante, ou seja, o cristão começa a caminhar à luz de seu rosto, sentindo, pensando e agindo como Jesus, tendo cravado na mente e no coração, como espinho sagrado e obsessivo aquela pergunta: o que Jesus faria em meu lugar?

Quando eu me encontrar com pessoas agressivas, deixarei de lado minhas velhas e amargas histórias com essas pessoas, e direi a mim mesmo: "Meus olhos, neste momento são os olhos de Jesus" e olharei essas pessoas com olhos de benevolência de Jesus.

Se as ondas da contradição me envolverem, direi a mim mesmo: neste momento eu já não sou eu, é Jesus quem vive e age em mim e neste duro confronto vou reagir com Jesus, com sua serenidade, controle e disposição de ânimo.

Quando, de surpresa, lançarem conta mim palavras ofensivas, primeiramente não me assustarei de minha própria perturbação; em seguida imaginarei Jesus diante de seus ferozes inimigos e tentarei me controlar e calar com Jesus calava, respondendo com palavras serenas como Jesus responderia.

Se eu souber que fui traído pelas costas, em primeiro lugar direi: "Deus meu, acalma esta tempestade interior". A seguir, deixarei transcorrer um tempo razoável para que se acalme a perturbação. Logo colocarei diante dos olhos de minha alma a figura de Jesus manso e humilde, silencioso ante os juízes, delicado ante o traidor, e direi: "Jesus, entra dentro de mim e perdoa dentro de meu coração", e tratarei de devolver o bem em troca do mal, como fez Jesus.

***

Quando sentir o desejo de que me estimem, me reconheçam e me agradeçam, lembrarei de Jesus, que recusava a fama ao curar os doentes, ao multiplicar os pães, ao descer da montanha da transfiguração; evitarei mendigar elogios, retificando as intenções, dirigindo toda glória a Deus.

Quando eu perceber que vivo demasiadamente centrado em mim, lembrarei de Jesus, que viveu despreocupado consigo mesmo e preocupado com os outros, que passou pelo mundo fazendo o bem a todos, e me esforçarei por viver não voltado para mim, mas para os outros.

Quando eu tomar consciência de que, em meu trabalho apostólico, sutilmente estou buscando a mim mesmo, lembrarei de Jesus que nunca buscou a si mesmo, que renunciou às vantagens de ser Deus e se submeteu a todas as desvantagens de ser homem, nascendo e morrendo pobre e humilde, e retificarei as intenções em minha intimidade.

Pensando em Jesus que, nas horas da Paixão, nunca se defendeu nem se justificou, mas agiu em todo momento com humildade, silêncio, paciência e dignidade, me esforçarei por reagir com mansidão e paciência ante as contradições e incompreensões.

Como Jesus se retirava para lugares solitários para estar com o Pai, assim eu darei preferência, antes das demais tarefas, aos Tempos Fortes diários.

As preferências de Jesus serão minhas preferências, suas opções serão minhas opções, seu estilo, meu estilo. Quero que os que me veem, o vejam; que os que me ouvem, o ouçam. Não seja eu, seja Jesus quem vive em mim, através de mim, para que eu chegue a ser uma viva transparência de seu ser e de seu amor.

***

E assim, terá o cristão a máxima satisfação que se pode ter neste mundo: a de superar-se a si mesmo, transpondo seus próprios limites. Não cabe maior satisfação na vida.

O programa de santificação de muitas espiritualidades na Igreja consiste em colocar lá, no fundo e no centro, o obscuro mistério do pecado, e em organizar depois e dirigir todas as batalhas para aniquilar e eliminar o pecado.

Nós, ao contrário, colocamos no fundo e no centro a figura deslumbrante de nosso

Senhor Jesus Cristo, e depois, todo o nosso esforço consistirá em copiar em nossa vida, com paciência e tenacidade, todos os traços vitais do Senhor Jesus. Em suma, nossa obsessão consiste em ser santos como Jesus.

É evidente, em todo caso, que se nos esforçarmos por ser santos como Jesus, o mistério do pecado, logo, irá sendo superado.

11. Com paciência de um trigal

Esse caminho de santificação será percorrido não em alta velocidade, mas em marcha moderada e paciente. Ninguém se iluda porque isso sempre acaba em desilusões. Esta é a realidade: somos limitados; podemos pouco.

Todos nascemos com uma personalidade que não escolhemos: chegamos à existência e nos deparamos com uma pessoa (eu mesmo) que tem características ou modos de ser, alguns positivos e outros negativos, tudo misturado, sem culpa nem mérito de nossa parte. Todos nós temos boas qualidade, mas provavelmente entrelaçadas com tendências negativas como raiva, rancor, egoísmo, desconfiança, manias, irritabilidade, instintos de vingança e todo um conjunto sombrio ao qual denominamos "o homem velho".

A santificação do cristão consiste em ir se despojando, momento por momento e golpe a golpe, das vestes do "homem velho" e ir se revestindo do Homem Novo. Ninguém chegará a ser humilde como Jesus, mas a vida deverá ser um estar fazendo atos de humildade como Jesus. Nunca chegaremos a ser mansos e pacientes como Jesus, mas a vida deverá ser um incessante estar fazendo atos de mansidão e paciência como Jesus. A vida inteira deverá ser um estar passando de meu modo de ser ao modo de ser de Jesus: um processo pascal e cristificante.

***

E isso, paciente e lentamente, sabendo que virão as recaídas, mas sem assustar-se por isso; virão os retrocessos, mas sem impacientar-se por isso. Já sabemos que, ao menor descuido, vamos cair, voltando aos hábitos do "homem velho". Não importa. O problema não é o cair, mas o levantar-se, dizendo: "comecemos outra vez, amanhã será melhor".

Tudo é desconcertante. A mesma modalidade, praticada em dias diferentes, poderá dar a você, talvez, resultados diferentes. Em um dia em que você estiver de bom humor, pode não sair nada na oração, e no dia em que você estiver tenso ou mal-humorado, de repente, poderá surgir uma oração profunda e entranhável. Não se assuste se os resultados não forem proporcionais aos esforços ou quando os efeitos tenham sido inesperadamente imprevisíveis. Um mesmo exercício de silenciamento hoje pode deixá-lo relaxado e, amanhã, talvez, tenso.

No espírito não há linhas retas, não há lógica. De repente, quando tudo segue normalmente, mas seu ânimo está por terra e seu caminho está semeado de ruínas, não se sabe que anjo vem e toma você, dando-lhe força. Às vezes, nos dias azuis, sua alma está nublada e nos dias nublados, sua alma está azul. Não há lógica. Não há por que se assustar.

Depois de uma semana do início deste programa cristificante, você terá a sensação de ter progredido muito e, talvez, depois de dois meses, parecerá que você está pior que no início. O importante é que uma vez passados três ou quatro anos, voltando o olhar para trás, você possa dizer: "sinto-me diferente de como era há cinco anos; há mais paz em minha alma, mais liberdade, sofro menos, sou mais parecido com o Senhor".

***

Dizem que a paciência é a arte de esperar; prefiro pensar que é a arte de saber, porque o que se sabe se espera: a arte de saber e de aceitar em paz o fato de que somos essencialmente limitados, que queremos muito e podemos pouco, que com grandes esforços vamos conseguir pequenos resultados. Eis aqui a sabedoria: saber aceitar de frente que a realidade é assim, sem se deixar abater pelos complexos de culpa ou sentimentos de tristeza ao comprovar o pouco que podemos, o baixo que voamos em referência à altura de Jesus! De outra maneira, as ilusões, pelo caminho da desilusão, nos conduzirão à frustração.

Assustar-se? Com nada. Entristecer-se? Com nada. Envergonhar-se? De nada. É necessário enterrar para sempre esses verbos. Uma paciência infinita, primeiramente com você mesmo. Uma compreensão infinita, primeiro com você mesmo. A silenciosa paciência com que a criatura cresce no seio de sua mãe; a mesma paciência com a qual, mais tarde, aprendemos a andar e a falar.

***

A ardente paciência de um trigal.

Hoje você semeia um extenso trigal no campo. Ao voltar na semana seguinte, nada se vê: parece que o trigo morreu sob a terra. Duas semanas depois e tudo continua igual: o trigo continua sepultado no silêncio da morte. Mas, ao retornar quatro semanas depois, você observará com emoção que o trigal, verde e tenro, emergiu timidamente sobre a terra. Chega o inverno e o frio e até a neve castigam o trigal recém-nascido que, mesmo sob esse enorme peso, sobrevive, persevera. Vêm as terríveis geadas, capazes de queimar toda vida. O trigal não pode crescer, nem sequer respirar. Simplesmente ele se agarra obstinadamente à vida entre ventos e tempestades para sobreviver.

Desponta a primavera, o trigal começa a respirar e mais tarde começa a escalar a vida, lenta, mas firmemente. Pouca diferença se percebe de um mês para outro; parece que o trigal não cresce.

Mas ao voltar alguns meses mais tarde, com os olhos assombrados, você encontrará o espetáculo comovedor de um imenso trigal dourado, ondulado suavemente pela brisa. A que se pode comparar esse espetáculo? Ele se parece à esperança do mundo, ao símbolo de toda a fecundidade. De onde vem esta maravilha? Das noites terríveis do inverno. Por ter sobrevivido com uma obstinada perseverança nas longas noites de inverno, hoje temos este espetáculo que nos faz chorar de emoção.

E nada mais. Quando, em certo momento, parece-lhe que, em vez de avançar, você retrocede, o problema é um só: manter-se de pé, sobreviver, perseverar.

Quando a sensação de inutilidade envolver você como uma noite, fazendo-o pensar que está perdendo o tempo; quando a geada da aridez ou a névoa do tédio penetrarem até os seus ossos, ressoarão em seus ouvidos as palavras do Mestre. Fique acordado, vele e ore.

Apenas os que perseverarem com uma ardente paciência provarão o mel da vitória: em seus firmamentos haverá estrelas e em seus campos, espigas douradas.

***

O silêncio
leva em si a sua voz,
como o ninho,
a música de seus pássaros adormecidos.

Capítulo II

VAZIOS DE SI

*"A sombra segue devagarinho atrás da luz,
coberta com o véu, em secreta humildade,
com um silencioso andar de amor."*

(Rabindranath Tagore)

1. Hino à humildade

Se tentássemos sintetizar em uma palavra o conteúdo desde capítulo, inclusive intitulá-lo, o faríamos com a palavra *humildade*. Mas, ai... estamos diante de uma moeda desvalorizada, uma palavra que pouco ou nada diz a nossos ouvidos e que, por isso mesmo, hoje está fora de circulação.

Comecemos, então, desde o primeiro momento, a desentranhar seu conteúdo:

O humilde não se envergonha de si,
nem se entristece;
não conhece complexos de culpa
nem mendiga autocompaixão;
não se perturba nem se encoleriza,
e devolve o bem no lugar do mal;
não busca a si mesmo,
mas vive voltado para o próximo.
É capaz de perdoar
e fechar as portas ao rancor.
Um dia e outro dia o humilde aparece
diante de todos os olhares vestido

de doçura e paciência,
tranquilidade e fortaleza,
suavidade e vigor, maturidade e serenidade.

E, sem possibilidade de mudança, habita permanentemente na morada da paz; as águas de seus lagos interiores nunca são agitadas pelas ondas dos interesses, ansiedades, paixões ou temores.

As cordas de seu coração pulsam em uníssono, como melodias favoritas, com os verbos "desaparecer", "desapropriar-se", "desinstalar-se", "desinteressar-se".

Passa a gostar de viver afastado na região do silêncio e do anonimato. O humilde respeita tudo, venera tudo; não há entre seus muros atitudes possessivas ou agressivas. Não julga, não pressupõe, nunca invade o santuário das intenções. É sensível até sentir como seus os problemas alheios, e seu estilo é de alta cortesia. Em suma, é capaz de tratar os outros com a mesma compreensão com que se trata a si mesmo.

Dia e noite, dedica-se a cavar sucessivas profundidades no vazio de si mesmo, a apagar as chamas das satisfações, a cortar as mil cabeças da vaidade, e por isso sempre dorme no leito da serenidade.

***

Para o humilde, não existe o ridículo; nunca o temor bate à sua porta; não se importa com as opiniões alheias; nunca a tristeza aponta em sua janela; para ele, viver é sonhar.

Nada, nem dentro e nem fora, consegue perturbar a paz do humilde; ele olha o mundo com os olhos limpos.

Desprendido de si e de suas coisas, o humilde se lança de cabeça no seio profundo da liberdade. Por isso, uma vez esvaziado de si mesmo, o humilde chega a viver, livre de todo medo, na estabilidade emocional de quem está além de toda mudança.

Enfim, trata-se da espiritualidade dos *anawin*, os "pobres e humildes" de Deus.

Encontramo-nos, assim, no coração das bem-aventuranças, no topo do Sermão da Montanha.

O caminho da humildade sempre aterriza na meta do amor.

2. Apropriar-se

Qualquer um de nós pode sentir o desejo de possuir algo, de torná-lo *nosso,* para *nós.* Esse algo pode ser uma ideia, uma pessoa, um êxito, um cargo, um projeto, um nome, a nossa própria imagem... Torno-os meus na medida que os utilizo para satisfação ou proveito próprios.

E assim, podemos estender uma ponte de energias adesivas enlaçando minha pessoa com esse algo; a este enlaçamento, a este "torná-lo meu" chamamos de *apropriação*. O pior que pode acontecer é que esse algo seja "eu mesmo": nesse caso, eu me transformo em proprietário de mim mesmo.

Naturalmente, não se trata de uma apropriação jurídica, e sim psicológica ou afetiva. O ser humano, então, pode estabelecer, instintivamente e sem perceber, um vínculo emotivo de posse, um desejo vivo de torná-lo meu e para mim, uma tendência a agarrar-me a algo usando as "mãos" das minhas energias mentais e afetivas.

Quando o "proprietário", ligado emocional e possessivamente a algo, pressente que a sua apropriação está ameaçada ou há o risco de perdê-la, ocorre uma descarga de energia emocional em defesa das propriedades ameaçadas; é o medo que, rapidamente pode tomar, de acordo com o caso, a forma de sobressalto, ansiedade, agressividade.

O temor é guerra, ou seja, a propriedade necessita de armas que a defendam e, de uma posição defensiva, o proprietário salta para a ofensiva, e aí se fazem presentes as armas que defendem as propriedades: rivalidades, partidarismos, discórdias, agressividades de toda espécie.

Isso, por sua vez, rouba ao proprietário a alegria de viver. Rouba-lhe também a liberdade interior porque o proprietário fica preso e dominado pela propriedade: torna-se escravo de sua propriedade.

Por outro lado, perde também a visão proporcional da realidade: minimiza ou superestima os acontecimentos, de acordo com seus temores ou desejos; não pode ver as coisas tais como elas são, mas à luz de suas ficções e interesses. Tudo isso faz o proprietário viver na ansiedade e insegurança. Em suma, a apropriação é escravidão, tristeza e guerra.

É visível, por contraste, que só os humildes e vazios de si poderão habitar no reino da harmonia, da sabedoria e da paz. Somente os humildes são livres. Só os humildes são felizes.

***

Um orientador[2] apropria-se de seu serviço quando, ao aplicar as Sessões, o faz (no

---

[2] Novamente deixamos intactas as referências às Oficinas, pois consideramos que elas possam ser de grande proveito para as comunidades apostólicas.

segredo de seu coração e certamente sem perceber), para obter a adesão, a estima ou a simpatia dos participantes das Oficinas, buscando sentimentos gratificantes como o elogio, o estar bem ou outros sentimentos como o reconhecimento, o agradecimento. E se, por não obtê-los, o orientador ficar triste ou frustrado, é sinal de que ele buscava a si mesmo, havia apropriação.

Um responsável (ou um orientador) apropria-se do cargo quando, em vez de fazer do cargo um serviço, serve-se dele, tomando-o como uma plataforma para projetar a si mesmo, para sentir-se importante, para saborear a satisfação e a glória que o cargo lhe proporcione.

É sinal de que há apropriação quando um responsável não age nem permite que os outros atuem, ou quando torna os irmãos subordinados a ele, dependentes e dominados, organizando sutilmente grupos aliados a ele para a defesa de seus interesses.

***

Quando entre os participantes de Oficinas e grupos comunitários de uma cidade, ou uma equipe local ou nacional, surgem e se arrastam – às vezes, por longo tempo – discórdias e partidarismo, é sinal de que alguns (ou todos) buscam a si mesmos, chocando os interesses pessoais de uns contra os de outros, descuidando a glória de Deus.

Quando os responsáveis, em seus diferentes níveis, agarrados ao poder, procedem em relação com seus súditos com arbitrariedade, decisões caprichosas e injustas ou abuso de poder, é sinal de que buscam a si mesmos, agindo movidos por rasos motivos egoístas que nem eles mesmos conseguem vislumbrar – e seria o cúmulo se o fizessem invocando o nome de Deus.

E nunca faltam aqueles que se creem vítimas, mendigando autocompaixão, e deixando-se levar por complexos de inferioridade ou manias de perseguição, confundem, intrigam, formam grupos... São os "buscadores de si mesmos" e provavelmente sem perceber isso.

Conclusão? O inimigo fundamental dos Grupos, em toda parte e em todos os tempos, é e será a apropriação. A condição básica para que os Grupos cheguem a ser, para sempre, no seio da Igreja, um instrumento de feliz evangelização, é que os orientadores se tornem, passo a passo, desapropriados e vazios de si, pobres e humildes de coração.

***

No entanto, quase ninguém se dá que está metido no jogo da apropriação e fica extremamente difícil descobrir as motivações que jazem sob a conduta apropriadora, porque sempre, e em tudo, cada qual acredita agir com uma intenção correta e, por outro lado, é muito difícil para os apropriadores fazer uma verdadeira autocrítica, pois com frequência estão ofuscados pela imagem de si mesmos e carentes da estima popular.

O mistério se consuma no mundo das intenções e motivações, um mundo desconhecido para nós mesmos, e não raro quando acreditávamos estar agindo corretamente, as molas secretas que impulsionavam a conduta eram filhos disfarçados do amor próprio.

Assim como o avestruz esconde a cabeça debaixo da asa para não ver o caçador, o amor próprio (o "eu") se disfarça, engana a si mesmo, escondendo sob as asas das razões, que quase sempre são desculpas e pretextos para enganar os outros. Os apropriadores não tomam consciência, seja porque não querem seja porque não podem, pois lhes é difícil reconhecer que estão envolvidos em um jogo de interesses camuflados, promovidos pelo orgulho da vida e da imagem inflada de si mesmo.

Precisamos viver permanentemente em estado de alerta, aproximarmo-nos do mundo secreto e inconsciente das motivações, para retificar sem cessar as intenções e para que Deus – sua glória e interesses – seja o motivo inicial e final de toda a nossa ação.

Peçamos ao Espírito Santo, de joelhos, com fervor e sem cessar, o espírito de discernimento e, sobretudo, o espírito de humildade.

3. Rezam e não mudam

Não faltam pessoas que dizem com alegria: "rezam, mas não mudam". Deixemos à parte o fato de que, frequentemente, os que nunca rezam se defendam atacando os que rezam. Contudo, devemos nos perguntar: se rezando são assim, como seriam se não rezassem?

Nós mesmos somos testemunhas, em nossa própria intimidade, de quantos esforços precisamos fazer, quantas vitórias e fracassos estão no silêncio do coração, sem que ninguém os note, para que nós possamos perceber alguma melhora, um leve crescimento. Não se pode dizer tão alegremente "rezam e não mudam". Além disso, ninguém muda: no melhor dos casos, melhoramos. Ninguém chegará a ser humilde como Jesus; a questão é passar a vida inteira fazendo atos de humildade no mesmo estilo de Jesus.

***

De qualquer forma, comecemos por aceitar, como metodologia, a hipótese de que há aqueles que rezam e não mudam.

É um fato: na história do espírito, conhecemos pessoas piedosas que, aparentemente, até o fim de seus dias arrastaram seus defeitos congênitos de personalidade. Dedicaram a Deus muitas horas, mas até a morte permaneceram egoístas, suscetíveis, infantis. Ao que parece, não melhoraram.

Por outro lado, o Deus da Bíblia é um Deus que questiona e "desinstala": nunca deixa em paz, embora sempre deixe paz, não responde, e sim pergunta. Não facilita, mas dificulta; não explica, e sim complica. A seu próprio Filho, na hora da Grande Prova, deixou só e abandonado, lutando corpo a corpo com a morte. Leva seus eleitos ao Deserto, onde os vai forjando a fogo lento no silêncio e na solidão. Sempre há um Egito de onde sair, e este Deus vai tirando incessantemente o povo e colocando-o a caminho, rumo à terra prometida, cheia de árvores frutíferas, que são a humildade, o amor, a liberdade e a maturidade.

***

Agora vem a questão: o que aconteceu aqui? Como entender a contradição de que se essas pessoas trataram tanto com Deus, e um Deus libertador, por que não as libertou? Dedicaram tantas horas a Deus, e um Deus que nunca deixa em paz, como as deixou em paz e sem paz?

A resposta sintética é esta: essas pessoas, em vez de cultuar a Deus, se voltaram ao culto de si mesmas. Aquele Deus com quem tanto trataram não era o OUTRO; era uma projeção de si mesmas. Não houve uma saída ao Outro; o centro de interesse estava em si mesmas, eram elas mesmas. Parecia que buscavam a Deus, mas procuravam a si mesmas. Parecia que amavam a Deus, mas amavam a si próprias. Parecia que serviam a Deus, mas se serviam de Deus.

Como não saíram de si mesmas, não amadureceram, porque, se não há saída, não há liberdade, não há amor. Se não há amor, não há maturidade. Por isso não cresceram.

4. Onde está o amor, ali está Deus?

Quem é, então, o verdadeiro Deus? Qual é o sinal pelo qual diferenciaremos o verdadeiro Deus? O sinal é o amor: o Deus verdadeiro é aquele que nos tira da escravidão do egoísmo e nos passa à pátria do amor, porque "Deus é amor".

Mas esta palavra, *amor,* é a que pior se entende, porque grande parte das vezes em que parece que amamos, na verdade, nós nos amamos.

Parecia que você amava esse amigo, mas ontem disseram que tal amigo falou mal de você, e a reação que você teve foi: "Nunca mais vou chegar perto dele". E efetivamente você fechou para ele as portas da confiança. Quem amava a quem? Parecia que você amava um amigo, mas será que amava mesmo ou você apenas amava o que havia de você nele, buscando não sei que utilidade?

Eu poderia viver dia e noite em um povoado, lutando por libertá-lo de todas as escravidões e conduzi-lo a uma pátria feliz. Certamente este povoado comentaria: "como este homem nos ama!". E, enquanto isso, eu poderia tomar o povo como uma plataforma para sentir-me realizado, importante e famoso. Quem ama a quem? Servia ao povo e me servia do povo?

***

Com Deus, aconteceu o mesmo.

Estou, suponhamos, em cima de um tablado, falando ao povo. Se não estivesse sobre o tablado, o povo não me veria.

Poderia colocar a Deus como palco e sentar-me sobre ele como um trono: se eu não pronunciasse muito o nome de Deus, as pessoas não me conheceriam; poderia, então, começar a pronunciar muito o nome de Deus para, por trás de seu nome, projetar meu próprio nome; invocar muito "a vontade de Deus" para promover, com seu amparo, minha própria vontade. Enquanto quebramos lanças em nome da glória de Deus, podemos, à sombra dessa glória, resguardar nosso prestígio ou defender nossas instituições ou doutrinas.

Tudo depende da intenção. Uma mesma tarefa, realizada sob o impulso de uma intenção puríssima e santa, poderia ser feita sem que se notasse grande diferença e talvez sem que eu mesmo percebesse, com uma finalidade bastarda de narcisismo, egolatria e autoglorificação. Evidentemente, Deus não pode abençoar a obra de uma pessoa que, valendo-se de seu apostolado, busca sistematicamente a si própria.

***

Como bem sabemos, o ser humano é geneticamente egoísta e vaidoso, e não temos de nos assustar por isso. Quando sai para passear, já está dando voltas em sua intimidade e saboreando aquele elogio que lhe fizeram, aquele êxito que teve, aquele aplauso.

Seu instinto de vaidade é como uma serpente de mil cabeças: sempre está com alguma cabeça erguida, pedindo uma maçã de autossatisfação. É preciso cortar-lhe a cabeça, ou seja, não lhe conceder nenhuma satisfação, retificar a intenção e matar de fome a serpente. Mas como possui mil cabeças, virando a esquina e no momento menos pensado, levanta-se outra cabeça e a pessoa já estará outra vezes saboreando aquele afago, aquelas palavras elogiosas que lhe disseram, a estima popular, alimentando o "eu", e quanto melhor alimentado o "eu", maior será a sua tirania.

É preciso cortar sua cabeça e, na medida em que se deixa de alimentá-la, irá desfalecendo e, morto o "eu", que descanso! É necessário estar a vida inteira observando o mundo das intenções, retificando-as: que seja puramente Deus o motor que impulsione toda a nossa atividade.

5. Produtividade e fecundidade

Sabemos que todos, por instinto, buscam a si próprios: na esfera geral da vida, toda unidade viva, das algas marinhas até o homem, está organizada com as energias centradas sobre si mesma para a defesa do indivíduo. Poderíamos dizer que, por razões biológicas, todo ser vivo é, de alguma maneira, egocêntrico.

Um comerciante instala seu comércio no bairro, afirmando que o faz para servir o bairro, quando todos sabem que o faz para aproveitar-se do bairro. Os políticos proclamam aos quatro ventos que estão servindo o povo e o povo replica que está sendo usado. Tudo isto é sabido e ninguém se escandaliza.

Os únicos que não podem se dar ao luxo de buscar expressamente a si mesmos, valendo-se de seu trabalho, são os que trabalham nas coisas de Deus, porque justamente disso depende a fecundidade de seu trabalho.

Uma coisa é a produtividade, e outra, a fecundidade. A produtividade é quantificável: entra nas leis de proporcionalidade, causa e efeito, ação e reação, e se move no vaivém das estatísticas: tantos batizados, tantas comunidades de base, tantos programas de evangelização. A produtividade depende de nós.

Porém, a fecundidade não pode reduzir-se a estatísticas. O ator e autor do Reino é o próprio Deus; a fecundidade é repartida por Deus e a oferece em proporção ao silêncio ou à pureza do coração. E assim, na História da Salvação, nos sentimos impactados por um fato surpreendente, a saber: os mais altos capítulos dessa história foram levados a cabo por pessoas de pouco brilho humano, como Abraão, Maria de Nazaré, Francisco de Assis, Cura d'Ars, João XXIII, por exemplo, servos pobres e humildes, carentes de preparação e de dons intelectuais, mas que, ao esvaziar-se de si mesmos, deixaram espaço livre para que, através desse vazio, se tornasse transparente a potência salvadora de Deus.

São um testemunho flagrante de que só Deus é o ator e autor do Reino, que em suas mãos está a fecundidade e que ele não precisa de personalidades ou estruturas espetaculares, mas de servos humildes e transparentes para encher de prodígios a história do mundo.

***

Uma comparação. Temos diante dos olhos um enorme e limpíssimo vidro. Através dele aparece a paisagem tão nitidamente que temos a impressão de que não existe o vidro. Quanto mais desaparecer o vidro (quanto mais limpo estiver), tanto melhor será a transparência e a imagem da paisagem. Se, em vez de um vidro limpo, tivéssemos um vidro sujo e cheio de pó, não veríamos a paisagem, e sim o vidro; isto é, o vidro sujo, em vez de transparência, seria interferência entre a paisagem e meus olhos.

6. A oculta

Maria aparece nos Evangelhos como uma personalidade de contrastes: por um lado, é uma mulher silenciosa, aparentemente passiva, e por outro, criativa e até audaciosa. Ao saber da gravidez de Isabel, foi rapidamente, atravessando as montanhas de Judá, felicitá-la e ajudá-la. E ela fez isso quando era uma jovem de uns 15 anos de idade! Não deixa de nos parecer uma temeridade. Ela o fez.

Em Caná de Galileia, Maria, percebendo que faltava o vinho, ela mesma tomou a iniciativa para solucionar a deficiência, nada menos que insinuando um prodígio... Podemos imaginar o que não teria feito uma mulher com tal criatividade no seio da primitiva Igreja.

Nos primeiros 14 capítulos do Livro dos Atos, a Igreja de Jerusalém se move sempre em torno dos Apóstolos e estes em torno do binômio Pedro-João. Pois bem, onde estava Maria? Na casa de João. Não é preciso forçar muito a imaginação para concluir dedutivamente que a Igreja girava em torno de Maria e que ela seria a verdadeira animadora daquele grupo perseguido. No entanto, os Atos não nos transmitem nem a mínima indicação neste aspecto: não se deu nenhuma importância a Maria porque ela mesma não se dava. Agiu sempre segundo seu estilo: oculta, reservada, em segundo plano.

Uma única vez aparece no primeiro plano: ao pé da cruz, no momento da ignomínia: "Junto à cruz de Jesus estava de pé sua Mãe".

Se alguém soube muitos dados biográficos de Maria, esse alguém foi João. Pois bem, João, em seu Evangelho, nos transmite tão-somente dois episódios da vida de Maria. Nem o próprio João deu importância a Maria como figura central na História da Salvação. Por quê? Porque ela foi a silenciosa, oculta de forma tenaz sob a penumbra do silêncio e do esquecimento. Por meio de Maria fez-se presente o resplendor do Altíssimo diante do mundo, e ela ficou quieta, em silêncio, por isso é a Mãe fecunda até o fim do mundo, porque em tanto silêncio, há muita fecundidade.

7. Onde está a humildade, ali está Deus

Anteriormente formulamos uma pergunta: onde está o Deus verdadeiro? Respondemos: onde há amor, ali está Deus.

Mas comprovamos que a palavra *amor* é terrivelmente enganosa e que grande parte das vezes em que parece que amamos, na verdade amamos a nós mesmos. Temos de buscar, então, outra fórmula, e é esta: onde está a humildade, ali está Deus.

A energia vital pode ser egoísmo ou amor; egoísmo quando estiver presa a mim mesmo e amor quando se une aos outros. Assim, para que a energia vital possa estar disponível para o serviço dos outros, anteriormente tem de desprender-se de mim. A tanto desprendimento, tanto amor.

Se falássemos em proporções matemáticas, diríamos que, se eu conseguisse desprender de mim dez graus de energia vital, nesse caso poderei dispor de dez graus de amor, e nesse caso teríamos, por outro lado, dez graus de Deus (se nos permitirmos falar assim) porque Deus é amor.

Se fôssemos capazes de desprender setenta graus de energia vital, disporíamos de setenta graus de amor. Se, na história do mundo, houvesse alguém capaz de liberar 100% de energia vital, esse alguém seria totalmente amor. Este é o caso de Maria de Nazaré: foi plena de graça ou plena de Deus porque era plenamente vazia de si mesma. Porque esteve inteiramente presente nela. A tanta humildade, tanto amor. A tanta humildade, tanta plenitude divina, em uma rigorosa proporcionalidade. Conclusão? Onde está a humildade, ali está Deus.

8. "Vocês serão como deuses"

Desde que, na tarde do paraíso, o homem sucumbiu à tentação do "vocês serão como deuses", o homem leva um obscuro instinto encravado em suas entranhas: o de constituir-se em "deus" e o de solicitar para si toda a adoração. De alguma forma, pressiona todos os seres a serem seus adoradores. Apropria-se das realidades que estão a seu alcance: dinheiro, beleza, sexo, encanto, inteligência e outras tantas, e submete tudo a seu serviço e utilidade. Usa e abusa do que considera "seu". De fato, a criação foi submetida à vaidade – não por seu querer, mas por vontade daquele que a submeteu (cf. Rm 8,20).

Se pudesse dominar o mundo inteiro, o faria. Se pudesse apropriar-se de todas as criaturas, assim o faria. Sente uma sede insaciável de estima popular. Com frequência, sua vida é competir para ver quem conseguirá maior supremacia. O pecado é apenas um: pretender ser "deus".

Todo aquele que ameaçar eclipsar seu brilho constitui-se como inimigo e, em seu coração, dá lugar à inimizade para desencadear uma guerra com o fim de anular qualquer competidor.

Quanto mais tem, acredita ser mais livre, quando na verdade é mais escravo. Quanto mais propriedades possui, acredita ser mais "senhor", quando na verdade está mais atado que nunca, mais dependente é. Por seu insaciável desejo de ser o primeiro, castiga a si mesmo com invejas, rivalidades, sonhos impossíveis, manobras para conquistar hegemonias, que, por fim, o transformam em uma pobre vítima. Vive cheio de inquietudes pela conquista de um prestígio pessoal e, ao consegui-lo, vive morrendo de medo de perder tal prestígio.

9. É preciso que eu diminua para que ele cresça

Em resumo, é escravo de si mesmo e de suas apropriações, e a escravidão consiste na idolatria ou egolatria: todo o seu problema está em deslocar o "deus-eu" e substituí-lo pelo Deus verdadeiro. A salvação integral consiste em que Deus seja verdadeiramente *meu Deus.* Para isso é preciso esvaziar-se de sonhos e quimeras que brotaram em torno do ídolo "eu" e que, ao mesmo tempo, o engendram.

Se o primeiro mandamento, como dissemos, consiste em que Deus seja meu Deus e o único "deus" que pode impedir que Deus seja Deus em mim sou eu mesmo, o único "deus" que pode disputar com Deus seu reinado sobre o homem é o próprio homem, a conclusão se impõe: ou se retira um ou se retiro o outro, já que dois senhores não podem governar um mesmo território: "Ninguém pode servir a dois senhores" (Mt 6,24).

Assim, o Reino é uma disjuntiva: Deus ou o homem, entendendo por homem aquele ser ególatra centrado exclusivamente sobre si mesmo. Por este caminho chegamos à seguinte proporcionalidade: quanto "mais" somos nós em nós mesmos, Deus é "menos" Deus em nós. Isto é: quando nos colocamos no centro de nós mesmos, ocupando todas as zonas de interesse, é um território ocupado: não há lugar nem para Deus, nem para o irmão.

Ao contrário: quanto menos somos nós em nós mesmos, Deus é "mais" Deus em nós. Quer dizer: na medida que, com autoanálise e introspecção, golpe a golpe, vamos desmoronando a estátua do "eu", desprendendo-nos das aderências, despojando-nos das apropriações, fazendo-nos paulatinamente pobres e humildes como Maria e Jesus... então temos o território livre e disponível: o Outro e os outros podem fazer-se presentes em mim.

***

E por esse caminho chegamos a outra proporcionalidade francamente surpreendente: o primeiro mandamento é análogo e até idêntico à primeira Bem-aventurança. Explico: no deserto do Sinai, a fórmula da Aliança soou, em síntese, da seguinte maneira: Israel, não haverá para ti outro deus senão Deus (Ex 20,2-4). Com a força selvagem de uma fórmula primitiva e desértica, a Bíblia nos entrega o segredo final do Reino: que Deus seja Deus em nós.

O que vem nos dizer a primeira Bem-aventurança? Vem dizer-nos que Deus é Deus ali onde "eu" não sou deus de "mim" mesmo, ali onde respira um coração desprendido, vazio de si, pobre e humilde. Se Jesus diz que o primeiro mandamento contém e esgota toda a Escritura, paralelamente podemos afirmar que a primeira Bem-aventurança contém e esgota todo o Sermão da Montanha e todo o Evangelho do Senhor. Em definitivo, o mistério total do Reino move-se sobre dois eixos: o primeiro mandamento e a primeira Bem-aventurança.

Aqui nasce a tradição bíblica segundo a qual Deus é herança dos pobres e os pobres são a herança (território) de Deus. Aqui se origina também a tradição segundo a qual Deus não só nasceu de uma mulher pobre e humildade de coração, mas que (Deus) se encarnou no seio pobre de uma "pobre de Deus", porque a virgindade é psíquica e fisicamente silêncio, solidão, vazio. Em suma: Deus encarnou-se no seio silencioso e solitário de uma mulher pobre e humilde de coração.

10. Prática libertadora

O problema, então, é um esvaziar-se de verdade de si mesmo, extinguir a chama do "eu", ir desprendendo pacientemente as mil e uma aderências e apropriações.

Viva atento a você mesmo. Permaneça intuitivamente de olho no mundo das intenções, iluminando com a luz da autocrítica os motivos que geram suas reações e movem suas ações, observando e convencendo-se da falácia dessa imagem ilusória de você mesmo.

Seja rigoroso com você: perceba como o "eu" exige agora um bocado de autocompaixão, logo exigirá um momento de autossatisfação, mais tarde chorará pedindo-lhe que o defenda, suplicará que não o deixe cair no ridículo, lhe falará em nome da razão da objetividade, solicitará a exposição de conceitos elevados como autorrealização, alertará contra o perigo do masoquismo e da autodestruição, lhe dirá que não se deve confundir humildade com humilhação... Nunca faltarão explicações, desculpas e justificativas em sua intimidade. Cuidado!

Não se deixe ofuscar, mantenha-se frio, seja implacável; não dê satisfação a essa fera faminta. Quanto melhor você a alimentar, maior tirania exercerá sobre você.

Se falarem desfavoravelmente de você, não se importe, permaneça em silêncio, não se defenda, deixe que se esvaia o amor próprio.

Não se justifique, dando explicações para ficar bem, se seus projetos não deram os resultados que você desejava. É preferível um pouco mais de humildade (liberdade) que um pouco mais de prestígio.

Não procure aprovação e elogios em suas ações nem aberta nem disfarçadamente.

Se calcular que, ao se apresentar diante de certo grupo eles irão parabenizar você por sua atuação, não compareça.

Há maneiras camufladas de mendigar elogios ou recusá-los: evite-os.

Evite falar de você mesmo ou de seus assuntos.

Não procure disfarçadamente aplausos e parabéns.

É sobretudo em sua intimidade onde se dá a principal luta libertadora: retifique incessantemente as intenções, que Deus seja a única causa móvel de seus afazeres.

Não saboreie, ruminando, as lembranças de elogios ou atuações felizes. Em vez de saboreá-los, remeta a Deus a glória de suas realizações.

***

No entanto, não transforme esta luta libertadora em um esporte ascético, mas num seguimento dos passos de Jesus.

Pense, imagine o Pobre de Nazaré recusando veementemente qualquer popularidade, ficando uma e outra vez em silêncio diante dos acusadores, quando os juízes o convidavam a se defender, não lançando mão de sua divindade para se livrar da morte e de outras amarguras, transformando-se em mais um de tantos na vulgaridade de Nazaré, escondendo com zelo no anonimato o resplendor de sua divindade.

Com que obsessão e quantas vezes Jesus, peremptoriamente, ao curar os cegos, surdos-mudos e possessos, ordenou os discípulos a descerem da montanha da Transfiguração: "Não contem a ninguém". Parece que sentia horror de ser ladrão, de usurpar a glória que só ao Pai correspondia.

O que sentia Jesus ao dizer: "Não me interessa o meu prestígio, mas só a glória do Pai"?

O que sentia Jesus, como se sentia ao permanecer em um profundo silêncio ante os tribunais de Caifás e Pilatos?

O que sentia Jesus, o que queria significar quando afirmava solenemente que "é preciso negar-se a si mesmo"? Que ressonâncias havia em seu coração quando se atrevia a afirmar que "quem odeia sua vida a ganhará"? Quais significados e alcances surgiam nos horizontes de Jesus ao dizer: "Se alguém quiser vir atrás de mim, negue a si mesmo, tome a sua cruz a cada dia e me siga"?

Se o cristão quiser aproximar-se dos abismos do mistério vivo de Jesus, se quisermos reduzir a uma síntese magistral tudo o que Jesus era, sentia, pensava e sonhava, eis aqui sua fotografia: "Aprendam de mim, que sou manso e humilde de coração, e encontrarão descanso para suas almas". Eis aqui a tarefa fundamental do cristão: viver olhando o poço infinito de Jesus, feito silêncio, vazio, humildade e simplicidade, e suplicar ardentemente e pedir sua disposição interior: "Dá-me teu coração pobre e humilde".

Se você for retirando o azeite da lamparina, a chama terminará se apagando e você terá ganhado a batalha da liberdade.

***

Não é o martelo
Que deixa perfeitas
As pedras ásperas,
Mas a água,
Com sua dança e sua canção.

Oração

Jesus, manso e humilde de coração,
ardentemente suplico para que faças
meu coração semelhante ao teu.
Dá-me a graça de ir adquirindo
progressivamente um coração desprendido
e vazio, manso e paciente.
Dá-me a graça de sentir-me bem
no silêncio e no anonimato.
Livra-me do medo do ridículo,
do temor e do fracasso.
Afasta de meu coração a tristeza.
Faze-me livre, forte e alegre.
Que nada possa perturbar minha paz,
nem me assustar.
Que meu coração não sinta necessidade
de autossatisfações e possa eu dormir

todos os dias no leito da paz.
Reveste-me de doçura e paciência,
mansidão e fortaleza, suavidade
e vigor, maturidade e serenidade.
E os que me veem, te vejam, Jesus.
Amém.

Ladainha da humildade

(Cardeal Merry de Val, século XIX)

Jesus, manso e humilde de coração, ouve-me.
Do desejo de ser estimado, livra-me Jesus.
Do desejo de ser exaltado, livra-me Jesus.
Do desejo de ser honrado e louvado,
livra-me Jesus.
Do desejo de ser preferido a outros,
livra-me Jesus.
Do desejo de ser aceito por todos,
livra-me Jesus.
Do medo de ser desprezado, livra-me Jesus.
Do medo de ser esquecido, livra-me Jesus.
Do medo de fracassar, livra-me Jesus.
Do medo de ser humilhado, livra-me Jesus.
Do medo de não ser aceito, livra-me Jesus.

Que os outros possam ter mais êxito que eu,
concede-me a graça de aceitar em paz, Jesus.
Que os outros possam ser melhor aceitos que eu,
concede-me a graça de aceitar em paz, Jesus.
Que os outros possam ser mais amados que eu,
concede-me a graça de aceitar em paz, Jesus.
Que os outros possam ser preferidos a mim,
concede-me a graça de aceitar em paz, Jesus.

Hino

Jesus Cristo:
Ele era de condição divina,
mas não se apegou à sua igualdade
com Deus.
Pelo contrário, esvaziou-se a si mesmo,
assumindo a condição de servo
e tornando-se semelhante aos homens.
Assim, apresentando-se como
simples homem,
humilhou-se a si mesmo,
tornando-se obediente até a morte,
e morte de cruz!

Por isso, Deus o exaltou grandemente,
e lhe deu o Nome
que está acima de qualquer outro nome;
para que, ao nome de Jesus,
se dobre todo joelho
no céu, na terra e sob a terra;
e toda língua confesse
que Jesus Cristo é o Senhor,
para a glória de Deus Pai.

(Fl 2,6-11)

Capítulo III

O SONHO DE OURO

A vida nos é dada gratuitamente,
e nós a merecemos, dando-a.

1. Da humildade ao amor

O mundo é falaz. Falaz significa enganoso ou de verdade aparente. A verdade aparente, no fundo, é mentira. O mundo crê que um homem, na medida em que mais propriedades possuir, mais "senhor" será. Assim, por exemplo, uma pessoa tem como propriedades três fazendas, duas casas e quatro carros: é indiscutível que, quanto mais posses dispuser, em mais regiões ou territórios poderá exercer o senhorio, mais "senhor" será. Isto é verdade, mas uma verdade aparente.

A verdade de fundo é outra e oposta: quanto mais propriedades possuir, mais amarrado está; menos livre é, menos "senhor", porque cada propriedade que se sentir ameaçada, reclamará com o proprietário, gritando "defenda-me!"; o proprietário se perturbará, e a perturbação é um conjunto de energias defensivo-agressivas, liberadas para a defesa das propriedades ameaçadas.

É evidente que, quando aqui falamos de propriedades, estamos falando de apropriação, referimo-nos ao fato de fazer de qualquer bem, um bem para mim, tornando-o "meu".

Um homem, portanto, quanto mais propriedades possuir, mais ameaçado se sentirá e, por conseguinte, mais agressivo, mais temeroso, menos livre, menos "senhor". Por fim, propriedade e guerra são uma mesma coisa. Impossível o amor onde não há humildade, onde os corações não estejam vazios de si mesmos. Se, em vez de três fazendas, o dono possuísse apenas uma, mais livre se sentiria; e se, voluntariamente, se desapropriasse, um por um, de todos os bens, seria o homem mais livre do mundo. Ao menos em princípio.

***

Se os irmãos estão cheios de si mesmos, cheios de interesses pessoais, em suas relações cotidianas, os interesses de um e de outros entrarão em conflito e o *sonho de ouro* irá em pedaços pelos ares. Onde há propriedades, cedo ou tarde, estará presente a violência.

Em outras palavras: quando os irmãos se sentirem ameaçados em suas ambições ou em seu prestígio pessoal, estes irmãos irão à luta, em defesa de suas propriedades ou ambições, e da defensiva passarão à ofensiva, e ali se farão presentes as armas que defendem as propriedades: rivalidade, inveja, intriga, sectarismo, acusações – em uma palavra, a violência acabará por destruir a túnica da unidade fraterna. Repetimos: é impossível o amor onde não existir a humildade, ou ainda, onde houver um coração vazio, é ali que nasce o amor.

Por isso, no capítulo anterior, oferecemos uma base sólida, o fundamento indispensável para que o sonho de ouro de Jesus possa ser realidade.

***

Se num quarto guardamos um milhão de moedas de ouro, esse quarto estará hermeticamente fechado com cadeados, trancas, cofres... Onde houver um tesouro, a seu lado estarão armas defensivas.

Porém, se nesse quarto não tivermos nada, nem sequer uma triste cadeira, esse quarto poderá ser arejado com portas e janelas abertas. Onde não há nada que defender, tudo está aberto.

Se os irmãos estão cheios de interesses pessoais, esses irmãos estarão fechados aos demais irmãos com reticências, bloqueios, desconfianças e temores. Junto aos tesouros sempre estão as armas, prontas para entrar em ação. Mas se esses irmãos estão vazios, são desapropriados e humildes, sempre estarão com as portas abertas aos outros irmãos, sem nenhum bloqueio. Eles poderão se acolher, se comunicar, aceitar-se mutuamente, assumir-se e dialogar. Serão abertura e transparência. Só entre irmãos humildes e vazios de si pode-se concretizar o sonho de ouro de Jesus.

2. Deus amou primeiro

João começa por identificar Amor e Deus. Se Deus é amor, onde estiver o amor ali estará Deus, mas já explicamos que esta palavra (amor) é tão mágica como equívoca, porque grande parte das vezes em que parece que amamos, na verdade nós nos amamos. Assim, "Se alguém diz 'Eu amo a Deus', e no entanto odeia o seu irmão, esse tal é mentiroso; pois, quem não ama a seu irmão a quem vê, não poderá amar a Deus a quem não vê. E este é justamente o mandamento que dele recebemos: quem ama a Deus, ame também o seu irmão" (1Jo 4,20-21).

***

Lançando um olhar retrospectivo sobre os horizontes da História da Salvação, constatamos que Deus agiu em diferentes ocasiões e de variadas maneiras: durante a travessia do deserto, transformou-se em uma nuvem para proteger o povo contra os raios solares; logo numa tocha de estrelas; depois numa tenda de campanha junto às palmeiras; mais tarde na espada e trombeta na boca dos profetas. Fez proezas incríveis de amor. Porém, no final, como resumo de todas as façanhas, acabou por nos entregar seu Filho. Não cabe maior amor.

No entanto, se quisermos participar de Deus, isto só será possível pelo caminho do amor. E como amar significa dar-se, é apenas dando-nos que nos divinizaremos. Mas dar-se a quem? E aqui João rompe o arco da lógica e sai pela tangente, pois a lógica teria dito: se Deus nos amou dessa maneira, nós vamos amá-lo da mesma forma. Mas não. João segue outro caminho: "Se Deus nos amou a tal ponto, também nós devemos amar-nos uns aos outros" (1Jo 4,11). E João conclui reafirmando: "Quanto a nós, amemos, porque ele nos amou primeiro" (1Jo 4,19).

Chegado este momento, João se detém, desconfiado: "Filhinhos, não amemos com palavras nem com a língua, mas com obras e de verdade" (1Jo 3,18).

Então, como amar? Qual é o critério para distinguir as emoções dos fatos? João responde: "Compreendemos o que é o amor, porque Jesus deu a sua vida por nós; portanto, nós também devemos dar a vida pelos irmãos" (1Jo 3,16).

***

Dar a vida: eis aqui a definição do amor. Um amor, portanto, exigente e concreto, dentro da lei da renúncia e da morte. Antes de tudo, não um amor emotivo, mas oblativo.

O que significa, então, dar a vida? Não se trata de dar algo: receba este presente, por exemplo. Trata-se de *dar-se*. Para *dar-se*, é preciso desprender-se, e todo desprendimento é doloroso, é morrer algo vivo. Se dou minha pele, para dá-la tenho de desprender-me dela. Em todos os sentimentos ligados à minha pessoa, como no caso de perdoar, adaptar-me, compreender... antes de dar-me, tenho de morrer para algo muito vivo, como o rancor, a repulsa.

Por gosto não se perdoa. Para dar-me em forma de perdão a este que me desprestigiou, tenho de morrer para o instinto de vingança. O modo de ser dessa pessoa me desagrada. Minha reação espontânea seria fugir para longe dela; tenho de morrer para esse impulso de fuga. Mas só pela vontade não se morre. Este morrer para dar-me só é possível com Jesus; somente Jesus pode estabelecer uma revolução nas leis do coração, colocando acolhida onde havia resistência, perdão onde havia vingança, doçura onde havia repugnância e suavidade onde havia violência. Somente Jesus é capaz de compensar este morrer com a maior satisfação.

Somente Jesus cura, liberta, purifica o coração humano.

A questão é perguntar-se mil vezes: o que faria Jesus em meu lugar? Como perdoaria, como aceitaria, como compreenderia, como acolheria... Repetimos mil vezes: o mistério do amor fraterno consiste em impor as convicções de fé sobre as emoções espontâneas.

3. O sonho de ouro

Na vida itinerante do Mestre com os Doze Apóstolos, Jesus foi o irmão que os tratou como o Pai o havia tratado. Foi sincero e verdadeiro com eles. Preveniu-os dos perigos, deu-lhes alento nas dificuldades, alegrou-se de seus êxitos. Foi exigente e compreensivo ao mesmo tempo. Precisou de um trato extraordinário para suavizar as tensões e superar as rivalidades entre eles. Com infinita paciência corrigiu seus erros.

Lavou-lhes os pés. Foi delicado com o traidor, compreensivo com Pedro, carinhoso com as crianças, paciente com todos. Semeou infatigavelmente a esperança. Foi um irmão entre os irmãos, comendo na mesa comum, dormindo sob as estrelas, como em um lar itinerante. No fim, disse com palavras explícitas: "Assim como o Pai me amou, da mesma maneira eu os amei. Agora façam o mesmo entre vocês. Quando lembram de mim, pensem numa única coisa: que eu os amei e que vocês, da mesma forma, devem amar-se uns aos outros".

***

Jesus, sabendo que havia chegado a hora de regressar ao Lar do Pai, ajoelhou-se a seus pés e, com suprema expressão de humildade e amor, começou a lavar-lhes os pés. "Vocês dizem que eu sou o Mestre e o Senhor. E vocês têm razão; eu sou mesmo. Pois bem: eu, que sou o Mestre e o Senhor, lavei os seus pés; por isso vocês devem lavar os pés uns dos outros. Eu lhes dei um exemplo: vocês devem fazer a mesma coisa que eu fiz. Eu garanto a vocês: o servo não é maior do que o Senhor, nem o mensageiro é maior do que aquele que o enviou. Se vocês compreenderem isso, serão felizes se o puserem em prática. Amem-se uns aos outros como eu os amei.

Deixo-vos uma bandeira pela qual o mundo os identificará como meus discípulos, se vocês se amarem como eu os amei. Não tenham medo. Não ficarão órfãos. Vou embora. Como lembrança, deixo minha própria felicidade como herança. Este é meu testamento: sejam *um* como o Pai e eu; e em nossa unidade, seja consumada a sua unidade.

Nos dias de minha peregrinação, solicitei a vocês muitas coisas: curem os doentes, limpem os leprosos... Mas agora, nesta hora de despedida, lhes digo: acima de todas as tarefas que lhes encomendei, sua tarefa primeira e essencial em minha ausência, e até que eu volte, é que se dediquem a amar uns aos outros.

Esta é minha última vontade, meu testamento final e meu sonho de ouro: amem-se mutuamente".

***

E levantando os olhos com infinita reverência, disse: "Pai, tirando-os do mundo, os colocaste em minhas mãos. Eu lhes expliquei quem és tu e agora eles sabem que eu nasci de teu amor. Tu os entregaste a mim como irmãos e eu cuidei deles como uma mãe. Como tu me trataste, assim os tratei. Quando estava com eles, eu os cuidava. Agora, cuida deles. Peço-te que o egoísmo, os interesses e as rivalidades não destruam a unidade entre eles. Como tu, ó Pai, estás em mim e eu em ti, também eles sejam consumados em nossa unidade".

4. "Meus irmãos"

Depois de viver durante três anos, como mais um irmão, no seio daquela família itinerante, no fim, ao retornar para o Lar do Pai, Jesus deu a razão profunda daquela singular fraternidade: "Subo para junto do meu Pai, que é Pai de vocês, do meu Deus, que é o Deus de vocês" (Jo 20,17).

Antes de morrer, quando a semelhança de Jesus com os Doze era total, como grande privilégio, Jesus os chama de "amigos", porque ele havia aberto sua intimidade e manifestado seus segredos.

Mas agora, uma vez morto e ressuscitado, quando Jesus já não pertencia à esfera humana, surpreendentemente começa a chamá-los de "meus irmãos". Aqui está o segredo: Jesus cuidou deles com tanto carinho porque o Pai de Jesus era também o Pai dos Apóstolos, e o Deus daqueles pescadores era também o Deus de Jesus.

Além de todas as diferenças, uma corrente profunda e fundamental unificava a todos aqueles que tinham um Pai em comum. Por isso, conscientemente, estamos repetindo até o cansaço que o segredo e o mistério do amor fraterno está e estará em impor as convicções da fé sobre as reações espontâneas.

Não gosta desta pessoa, mas seu Pai é meu Pai. Aquele gritou comigo ontem, porém, não posso separar-me dele porque seu Pai é meu Pai. Esta outra pessoa, há semanas está estranha e fechada comigo; que vontade de responder com a mesma atitude! Mas não, seu Pai é meu Pai. Detesto a ideologia política deste vizinho, mas seu Pai é meu Pai. O temperamento deste colega de trabalho, francamente, me parece antipático; no entanto, para não exteriorizar meu incômodo, tenho que estar lembrando sem cessar que seu Pai é meu Pai.

O Deus que me amou gratuitamente e me acolheu é o Deus desse irmão. Será necessário abrir-me, aceitá-lo e acolhê-lo como ao filho de "meu Pai".

5. Signo e meta

Ao desaparecer a fraternidade itinerante de Jesus, com a dispersão dos Apóstolos no mundo, surge em Jerusalém uma cópia daquela família apostólica. E os Atos a apresentam como o ideal da existência cristã.

Viviam unidos. Tinham tudo em comum. Eram vistos sempre alegres. Nunca falavam com pronomes possessivos; "meu", "seu". Acudiam diariamente e com fervor ao templo. Gozavam da simpatia de todos; numa palavra, tinham um só coração e uma só alma. E tudo isto causava uma enorme impressão no povo.

Fraternidade evangélica não significa tão-somente que vivamos juntos, ajudando-nos e complementando-nos uns e outros numa tarefa comum, como numa equipe pastoral, mas que, sobretudo, tenhamos o olhar fixo uns nos outros para amar-nos mutuamente. E mais que isso, que vivamos uns com os outros, como o Senhor nos deu o exemplo e o preceito.

Esse amor, vivido pelos irmãos em meio do mundo, chamará de tal forma a atenção que se constituirá no argumento sensível e profético de que Jesus é o enviado do Pai e de que está vivo entre nós. Quando as pessoas observarem um grupo de irmãos vivendo unidos numa feliz harmonia, acabarão pensando que só uma pessoa viva pode gerar um espetáculo semelhante e que, por conseguinte, Jesus tem de estar vivo, porque de outra maneira não se poderia explicar tanta beleza fraterna. Assim, o amor fraterno torna-se um sacramento profético, um signo indiscutível da potência ressuscitadora de Jesus Cristo: "Nisto se distinguirão se são meus discípulos".

O povo, que possui uma grande sensibilidade, percebe certeiramente quando entre os irmãos reina a discórdia, quando há frieza e quando há harmonia.

***

Jesus encomendou muitas tarefas aos seus. Insistiu que se preocupassem com os necessitados; indicou como tinham de defender-se ante os tribunais. Pediu-lhes que limpassem os leprosos, cuidassem dos doentes, ressuscitassem os mortos. Mandou-os percorrer o mundo, anunciando as notícias de última hora.

Mas, por fim, no último momento e com caráter urgente de testamento final, comunicou-lhes que, entre todas as atividades assinaladas ou preceituadas, a atividade essencial dos discípulos, até que ele regressasse, havia de ser esta: viver amando-se uns aos outros.

É, portanto, o amor fraterno o objetivo central ou a meta final dos seguidores de Jesus, ou seja, se os discípulos não fizessem neste mundo outra coisa que viver amando-se uns aos outros, teriam cumprido com a própria razão pela qual Jesus veio para este mundo.

6. Aceitar Jesus como "irmão"

Deus é amor porque amar significa dar e Deus nos *deu* o que mais queria: seu Filho. Jesus Cristo é, pois, o dom dos dons ou o maior dos presentes. E ele, por sua vez, *deu* sua vida por nós.

Podemos concluir, então, que se o amor é o fundamento de fraternidade e Jesus é o centro desse amor, o segredo do amor evangélico está em que cada um dos irmãos aceite Jesus como dom de Deus e nosso irmão.

Aceitar Jesus significa que sua presença nos incomoda, questiona e desafia quando em nossa intimidade surgem sentimentos que não estão de acordo com o espírito de Deus, ou seja, sentimentos como discórdia, aversão, antipatia, sentimentos, enfim, que erguem muros de separação e dividem os irmãos.

Aceitar isso significa que Jesus dilui nossos medos e nos "obriga" a sair de nós mesmos para perdoar, aceitar e acolher o irmão.

***

Aceitamos Jesus quando um irmão deixa de falar conosco e nós, em vez de reagirmos com a mesma atitude, tomamos a iniciativa de cumprimentá-lo e dizer-lhe palavras amáveis. Aceitamos Jesus quando, em um determinado momento, deixando de lado pessoas agradáveis, vamos em busca de pessoas com as quais não simpatizamos. Aceitamos Jesus quando todos começam a falar mal de alguém, mas nós tratamos de ficar em silêncio ou dizer palavras de compreensão.

Aceitamos Jesus quando respeitamos e reverenciamos qualquer irmão como se fosse o próprio Jesus e nos esforçamos em não fazer diferença entre o irmão e o *irmão*.

Em uma palavra, aceitamos Jesus quando, em vez de reagir com impulsos instintivos em nossos relacionamentos com os outros, tentamos reagir em todo momento com os critério e atitudes de Jesus, perguntando-nos como agiria Jesus neste caso. Em vez de dar espaço para nossas típicas incompreensões e antipatias, devolvendo mal com mal e sempre julgando o ser humano, devemos julgar e agir com o coração cheio de compaixão e misericórdia como o de Jesus.

Vivendo assim, gritaremos diante do mundo, e sem abrir a boca, que Jesus Cristo vive.

7. Jesus, redentor dos instintos

O mais importante em nós é o desconhecido dentro de nós, nosso mundo inconsciente. Já dissemos que o consciente é como um fósforo aceso e o inconsciente, como uma noite escura. O consciente é como uma ilha de poucos metros quadrados e o inconsciente, um oceano imenso. Em suma, o mais importante é o mais desconhecido. Por isso, muitas vezes, fazemos o que não queremos, porque de mundos desconhecidos nos surgem impulsos desconhecidos, que nos assaltam e dominam a consciência, e fazemos o que não queremos. A tarefa de Jesus Cristo como redentor do mundo é descer ao mundo desconhecido do homem e redimir seus impulsos primitivos.

Para poder amar, a primeira condição é não se amar desordenada e exclusivamente a si mesmo. O que se opõe ao amor é, então, o egoísmo. Os "filhos" do egoísmo são o orgulho, o ódio, o ressentimento, o rancor, a vaidade, a inveja, a vingança, o "tudo para mim e nada para você", o desejo de apropriação, a arrogância, a agressividade, a tensão e o medo. Estes são os instintos selvagens que lançam irmão contra irmão, separam, escurecem, obstruem e destroem o amor e a unidade.

Somente Jesus pode descer às profundezas onde habitam os instintos, acalmar as ondas, controlar as forças selvagens e transformá-las em amor. Sem Jesus não é possível o amor evangélico.

***

Viver no espírito de Jesus significa que os irmãos se esforçam para que seus impulsos não sejam filhos do "eu" – o motivo que comanda suas atitudes e reações nas mútuas relações, na convivência de todos os dias --, mas sim que sejam os sentimentos de Jesus.

Em um descuido, no momento menos pensado, surgem em um indivíduo os impulsos instintivos, por exemplo: manter-se reticente diante do próximo; minimizar o prestígio de um autossuficiente; gritar com alguém; manter a cara fechada e hostil para que ele saiba que já sei disso; soltar mais tarde uma ironia para incomodar aquele antipático; fazer uma vingança secreta por uma antiga ofensa, reagir com mau humor; deixar de lado as pessoas de quem não gosto.

Se nesse momento o irmão puser a mão na consciência e, em um estalar de dedos, disser a si mesmo: "Ei, acorde! Lembre-se que esse não é o estilo de Jesus, não é seu exemplo nem seu preceito. Devo sentir e agir como Jesus: mas o que sentiria, o que diria Jesus em meu lugar?". Se nesse momento o irmão tornar Jesus vivamente presente, Jesus reterá a passagem a esses impulsos escuros e sufocará as vozes do instinto.

Quando o irmão recordar que Jesus soube devolver o bem em troca do mal, soube guardar dignidade e silêncio diante do tribunal dos acusadores, como tratou o traidor, como olhou para Pedro, como foi sempre pobre e humilde de coração, como perdoou setenta vezes sete, como foi comovedoramente compassivo e misericordioso com toda a fragilidade humana... instintiva e instantaneamente o irmão se perguntará qual seria a reação de Jesus se estivesse em meu lugar... e então haverá compreensão, bondade, acolhida.

**

As características dos impulsos são a surpresa e a violência. Quando nos descuidamos e, sem perceber nos deixamos levar pelo impulso espontâneo, somos capazes de qualquer barbaridade, da qual nos arrependemos instantes depois.

É a consciência que tem de estar alerta. Na consciência é onde Jesus tem de estar vivo e presente, para deter e segurar todas as forças selvagens e transfigurá-las em energias, acolhimento e amor. A questão é uma só: que Jesus esteja vivo em minha consciência, e o que faz Jesus estar vivo na consciência é a oração. A verdadeira oração acaba sempre na santidade de vida.

8. Respeitar-se

A vida ensinou-me dolorosamente que o sonho de ouro começa a desmoronar quando começa a rolar a ladeira da falta de respeito. É impossível pretender levantar o edifício da fraternidade se não colocarmos como fundamento o respeito mútuo.

Toda pessoa é mistério, isto é, um mundo e uma experiência que nunca se repetirão; eu só e uma só vez. O outro, como mistério que é, é um mundo sagrado; e como sagrado, merece respeito. A primeira coisa que um sábio sabe é que não sabemos nada do outro, porque o outro é um mundo desconhecido. E a atitude elementar diante do desconhecido é, quando menos, a do silêncio, porque no fundo não sabemos nada do outro.

O respeito implica duas atitudes: uma interior e outra exterior. Primeiramente, o respeito pressupõe venerar o mistério do irmão como quem venera algo sagrado ou, expressando-nos em nossa terminologia, como quem venera, no outro, a pessoa de Jesus. Em segundo lugar, está uma atitude exterior de não interferir no outro: não julgar mal, não falar mal.

A falta de respeito chama-se maledicência. Todo aquele que lança comentários mete-se no mundo do outro, nada menos que no recinto sagrado das intenções. Ali constitui um tribunal, julga, condena e publica a sentença de condenação. O povo chama isso de "meter-se": "Não se meta comigo". Trata-se disto: de meter-se ou não, de invadir ou não o terreno sagrado e privado do outro.

A maledicência envenena rapidamente qualquer atmosfera. É uma autêntica epidemia: falaram mal de você; você fala mal deles. A violência gera violência. As palavras são como bolas que repicam e permitem o rebote. As "fofocas" voam, correm de boca em boca, cada vez mais desfiguradas, aumentadas, como bolas de neve, e quanto mais voltas derem, maiores serão.

Nesse clima ninguém confia em ninguém. Ninguém fala com sinceridade. Todos estão com suas portas fechadas ou entreabertas. Por todas as partes se respira desconfiança, sente-se insegurança. Como consequência, cada irmão se refugia em seus recintos interiores. Todos estão na defensiva. Impossível a transparência. E assim, a falta de respeito desencadeia um processo interminável de calamidades como a solidão, a agressividade, a evasão. E, sobretudo, as inimizades.

***

O modo ideal de respeitar-se é com o silêncio. Silêncio interior, em primeiro lugar. É no coração onde nascem todos os males. Antes de falar mal de um irmão, o outro já havia sentido em seu interior aversão ou antipatia contra esse irmão. Ou melhor, falou mal porque anteriormente já havia sentido o mal em seu coração. Respeitar o outro "calando" na intimidade. Não pensar mal, não sentir mal, fazendo uma transferência: sentindo por este irmão aqui presente o mesmo afeto e devoção que sinto por Jesus.

Em segundo lugar, silêncio exterior. Frequentemente não se podem justificar as condutas dos irmãos: são censuráveis às claras. Mas sempre poderemos cobrir as costas do irmão ausente com um manto de silêncio, simplesmente calando. Ao saber do "pecado" do irmão, minha melhor homenagem a ele, minha primeira e concreta maneira de amá-lo, consistirá em guardar a sete chaves tal segredo, e que, no dia de minha morte, eu possa descer à sepultura tendo guardado o segredo.

Ao apresentar-me diante das portas da eternidade, o melhor bilhete de entrada será não um ramalhete de flores, mas de segredos silenciosamente guardados. No paraíso, só entram os que amaram: e os que calaram, amaram.

***

Comprovei, dolorosamente, na minha vida, que a falta de respeito ou a maledicência é o primeiro elo de uma corrente interminável de calamidades fraternas.

Onde há comentários, não há confiança; fecham-se os corações; nasce e cresce o veneno da hostilidade que, pouco a pouco, vai dando passo a aversões profundas e rancores inflamados.

Nesse ambiente nascem, inevitavelmente, os partidarismos e os grupos antagônicos, verdadeiras forças de choque. E, nesse mar de hostilidade, como podemos imaginar, naufragam de forma inexorável os projetos apostólicos, planos pastorais... Toda esta catástrofe provém da falta de respeito dos irmãos.

No momento em que se cumpre esta condição (a do respeito mútuo), automaticamente começa a crescer a árvore da fraternidade; nasce a confiança, cresce o acolhimento mútuo no meio de uma abertura geral e em um ambiente agradável de gozo fraterno. Tudo começa a caminhar admiravelmente ali onde se cultiva o respeito mútuo.

9. Perdoar-se

Na base de todos os conflitos fraternos está o problema do perdão. As pessoas são algumas vezes ofendidas, mas se sentem ofendidas muitas vezes. Precisamos perdoar sem cessar, curar as feridas.

De outra forma, o rancor é um tumor que envenena as fontes da alegria, inunda de tristeza a alma, e cobre nosso céu de nuvens escuras. O ressentimento só destrói a pessoa ressentida. Não há loucura maior que atiçar e alentar o rancor. O perdão beneficia aquele que perdoa.

Por outro lado, os corações doloridos são corações sem emoção no trato com os outros. Perdoar equivale a libertar-se de um peso morto, a curar a si próprio como quem extirpa um tumor, a purificar-se como quem retira um veneno. Não existe terapia tão libertadora como o perdão. Por simples interesse de equilíbrio emocional e saúde mental valeria a pena estar perdoando constantemente.

Das diversas maneiras de perdoar que existem, a mais eficaz de todas é a do perdão *no espírito de Jesus.*

Trata-se de, num estado de grande concentração e serenidade, colocar-se no interior de Jesus, assumir a disposição interior de Jesus, fazendo que você se identifique espiritualmente com todo o ser de Jesus (e isto na potência do Espírito Santo), de tal forma que seus olhos sejam os olhos de Jesus, seus braços, os braços de Jesus, seu coração, o coração de Jesus.

Coloque seu "inimigo" nos confins de sua memória e, em plena intimidade com Jesus, tente olhá-lo com os olhos de Jesus, senti-lo com o coração de Jesus, abraçá-lo com os braços de Jesus; como se você fosse Jesus, mentalmente, em uma mesma identidade, perdoar, compreender, amar, abraçar (esse "inimigo") longamente, até sentir uma grande paz.

10. Com entranhas de misericórdia

Para dar os primeiros passos na concretização do sonho de ouro, é preciso começar por conjugar, de maneira conjunta e complementar, os quatro verbos: *compreender-respeitar-aceitar-perdoar*. Para sintetizar de alguma forma o conteúdo dos quatro verbos, contamos com a divina palavra *misericórdia*.

Se quiséssemos definir de algum modo o Jesus dos Evangelhos, o faríamos com os seguintes adjetivos, que no fundo são uma só coisa: *compassivo e misericordioso*.

O problema inicial consiste em conduzir-se com um coração compassivo e misericordioso com relação ao irmão e à sua situação, em deixar-se levar por uma reação de simpatia gratuita de um coração livre de si e voltado para o outro, por uma emoção bondosa e sábia que deriva do fato de sentir e sofrer com o outro.

O "outro" é quase sempre um desconhecido; e, por ser desconhecido, é incompreendido; e sendo incompreendido, não é aceito, surgindo daí os conflitos.

O outro não escolheu sua existência. Foi lançado à vida sem ter desejado ou escolhido. Não escolheu seus pais. Não gosta de si próprio. Tem um caráter estranho que, se a mim irrita, irrita ainda mais a ele próprio que tem de carregá-lo dia e noite.

Sua atitude para comigo parece obstinação, mas não é obstinação, é necessidade de autoafirmação. Ontem, sua reação parecia de agressividade contra mim, porém, não era agressividade, era uma maneira de dar segurança a si mesmo. Parece orgulhoso; mas não é orgulho, é timidez.

De minha parte, o problema é um só: comportar-me, com respeito a ele, com entranhas de misericórdia.

***

Se ele se apresenta como uma pessoa difícil para mim, muito mais difícil deve ser para ele mesmo. Se o seu modo de ser me faz sofrer, muito mais ainda ele deve sofrer com ele mesmo. Se há alguém neste mundo que se interesse em não ser assim, esse alguém não sou eu, é ele mesmo. Ele gostaria de ser encantador, equilibrado, mas não pode. Se ele tivesse escolhido seu modo de ser, seria a criatura mais encantadora do mundo. Que sentido tem irritar-se contra um modo de ser que ele não escolheu? Onde está a culpa? Será que seu ser merece repulsa ou simplesmente compreensão?

Não há outro caminho de sabedoria a não ser o de olhá-lo, analisá-lo e julgá-lo com entranhas de misericórdia.

Se eu, mesmo desejando-o vivamente, não consigo acrescentar um centímetro à minha estatura, muito menos poderei acrescentar um centímetro à estatura do outro, sentindo-me superior a ele. Se eu, antes de tudo, me aceitar tal como sou, e não como eu gostaria de ser, concluo que devo aceitar o outro, não como eu gostaria que ele fosse, mas como na verdade ele é. Aceitar o outro é, então, sair de si mesmo, situar-me no lugar do outro para analisá-lo a partir dele mesmo.

Não é questão de descobrir se ele tem razão ou não. Tratá-lo com entranhas, com coração de misericórdia, significa colocar-se acima das razões e pôr em jogo as "razões" da piedade e da compaixão, na linha da pura gratuidade, considerando o irmão como um presente de Deus, alegrando-me de sua existência e reconhecendo-a como positiva.

11. Abertura – Acolhida

No fim, a essência do sonho de ouro consiste no jogo recíproco de abrir-se (co-municar-se) e acolher-se. Eu me abro a você e você acolhe minha "saída"; você se abre a mim e eu acolho a sua "saída". E no meio se dá o encontro ou a intimidade: eu com você e você comigo.

A pessoa não é um ser "para si" ou "vol-tado para si". Ao contrário, a pessoa, por sua natureza, é tensão ou movimento diante do outro. Quando o outro abrir as portas a essa tensão, poderá nascer uma relação viva "eu-você", um "nós".

Assim, a comunicação não é mera conversa, intercâmbio de frases, perguntas e respostas, e nem sequer diálogo. Antes, trata-se de uma relação, ou melhor, uma revelação interpessoal, onde há um amplo jogo no qual se cruzam reciprocamente as individualidades. É uma intercomunicação de consciências pela qual o outro vive em mim e comigo, e eu vivo "nele" e "com ele".

Acaba sendo muito doloroso descobrir a nossa própria intimidade. Temos medo de nos abrir porque tememos perder o mais sagrado e secreto que há em nós mesmos. Os tímidos têm uma dificuldade especial para comunicar-se. Em todo caso, a comunicação é uma aventura e exige coragem.

***

Acolher (o irmão) significa que eu faço um lugar dentro de mim para que o outro o ocupe.

Acolher significa deixar para o outro a entrada livre em meu recinto interior, acolher o outro em meu interior com braços de carinho.

O mistério da fraternidade é, então, como dissemos, um jogo que se equilibra sobre dois polos: *abertura e acolhida*. O resultado é a comunhão fraterna que não é outra coisa senão um movimento oscilante de dar e receber.

O efeito imediato é a confiança e o fruto final, o gozo: "Que coisa mais linda ver os irmãos vivendo unidos sob um mesmo teto!".

12. Carinhosos

Ser carinhoso significa ter um coração afetuoso no trato com os outros.

Significa sermos amáveis e bondosos, tanto nos sentimentos como nas atitudes em relação àqueles que estão ao nosso lado.

Não há normas para sermos carinhosos. O importante é que o outro, a partir do tratamento que dou a ele, perceba claramente que eu estou com ele.

Em suma: é uma corrente sensível, calorosa e profunda.

Não há receitas para sermos carinhosos, mas há gestos e atitudes que são portadores de carinho: um sorriso, um gesto, um olhar, uma pergunta: "Como você se sente?". É tão fácil fazer uma pessoa feliz! Basta uma aproximação, uma palavra. Que fácil e que maravilhoso se aproximar de um irmão atribulado para dizer-lhe: "Não tenha medo; tudo vai passar, amanhã tudo será melhor, conte comigo".

Que tarefa sublime a de levar uma porção de alegria, bastando para isso telefonar para alguém simplesmente para dizer: "Como vai? Como está sua saúde? Como vai sua vida, seus compromissos?".

Como é fácil dedicar, de repente, alguns momentos a alguém sem um motivo específico, sem nenhuma finalidade!

É tão fácil estimular e alentar qualquer irmão comunicando-lhe boas notícias: todo mundo faz elogios a você; todos estão felizes; todos aprovam as suas ações.

Nós não podemos fazer ninguém feliz. No entanto, podemos nos dedicar a entregar porções de felicidade, taças de carinho: atitudes, gestos, aproximações, olhares, sorrisos, palmadinhas no ombro... Com isso, é claro, não teremos feito ninguém feliz, porém, teremos repartido pequenas doses de felicidade.

Que bela profissão esta de repartir porções de carinho, taças de alegria, pequenas porções de ânimo e esperança! É tão fácil! Basta sairmos de nós e nos voltarmos para os outros.

13. Lar

Foi uma peregrinação de dor e amor.

Os irmãos viveram "saídos de si" e abertos aos outros. Desceram às profundezas para controlar os instintos selvagens.

Guardaram no silêncio de seus arquivos inúmeras histórias.

Extirparam muitos tumores.

Cauterizaram muitas feridas.

Purificaram as águas de lagoas venenosas.

Arriscaram-se a abrir portas a peregrinos desconhecidos e, sem reticências, deram-lhes abrigo no ponto mais caloroso de sua intimidade.

Abraçaram com os braços de Jesus.

Como Jesus, acolheram com entranhas de misericórdia aos vacilantes.

Em suma, deram muita vida.

***

Como fruto de tão longa peregrinação, hoje vivemos num *Lar*. É uma atmosfera quente, impregnada de gozo, intimidade, confiança e segurança, que nos envolve e compenetra a todos. Uma família unida e feliz.

Alcançamos o sonho de ouro.

Oração de fraternidade

Senhor Jesus Cristo,
coluna de unidade
e rei da fraternidade.
Envia-nos a cada manhã
um lampejo de teu espírito.
Derruba os muros de separação
erguidos pelo egoísmo,
pelo orgulho e pela vaidade.
Afasta de nossa casa
as invejas que semeiam discórdias.
Livra-nos das inibições.
Acalma nossos impulsos
e preenche-os de serenidade.

Faze surgir em nossas intimidades
correntes sensíveis e cálidas
para que nos perdoemos
e nos compreendamos,
nos estimulemos e nos celebremos
como filhos de uma mesma mãe.
Retira de nosso caminho
as rivalidades e aversões;

rompe os bloqueios
para que sejamos uns com os outros
abertos e leais,
sinceros e verdadeiros.

Cresça a confiança
como árvore frondosa
em cuja sombra
todos nos sintamos felizes.
E assim seremos ante o mundo
o argumento sensível e profético
de que tu, ó Jesus,
estás vivo entre nós.
Amém.

Epílogo

O QUE SÃO AS OFICINAS?

"Oficinas de Oração e Vida" são um serviço eclesial que padre Larrañaga iniciou em 1984.

A Oficina é constituída por 15 sessões, sendo uma por semana, com duas horas de duração. Mas o trabalho principal é realizado durante a semana, na vida cotidiana.

A Oficina é dirigida por um orientador ou responsável (podem ser dois), cuja missão consiste em colocar em prática o espírito e os conteúdos do Manual. O orientador não deve acrescentar nada de sua própria autoria; entrega ao pé da letra os conteúdos recebidos e não improvisa nada. De antemão, recebe uma preparação intensiva e longa, chamada "Escola de Formação", com duração de um ano e que, praticamente, constitui-se em um ano de conversão.

À frente dos orientadores, há equipes de coordenação que vão desde uma equipe local até uma internacional.

A Oficina é um serviço eminentemente laical. Muitos dos orientadores são leigos e todos os componentes do grupo dirigentes são exclusivamente leigos.

***

A Oficina é:

a) Uma *escola de oração*: que visa ao aprendizado e aprofundamento na arte de orar com um caráter experimental e prático desde os primeiros passos até as alturas da contemplação.

b) Uma *escola de vida*: onde o participante vai superando passo a passo o mundo interior de angústias e tristezas e inundando-se de paz, tornando-se cada vez mais paciente, humilde, sensível e misericordioso com o programa: que faria Jesus em meu lugar?

c) Uma *escola apostólica*: cujo objetivo é fazer da Oficina um viveiro de vocações apostólicas e, de fato, a Oficina consegue transformar muitos participantes em apóstolos do Senhor.

Em suma, a Oficina efetiva o compromisso do participante em três dimensões: com Deus, consigo mesmo e com os outros.

A Oficina é um serviço:

a) *Limitado:* uma vez completadas as 15 sessões, dá-se por cumprido o objetivo e os orientadores se retiram, sem constituir comunidades ou grupos estáveis;

b) *Aberto:* participam dele cristãos, catequistas, agentes de pastoral, militantes de grupos eclesiais, eclesiásticos e religiosos, pessoas distantes da Igreja, os excluídos dos sacramentos e diferentes grupos evangélicos.

Rua Dona Inácia Uchoa, 62
04110-020 – São Paulo – SP (Brasil)
Tel.: (11) 2125-3500
paulinas.com.br – editora@paulinas.com.br
Telemarketing e SAC: 0800-7010081